U0461827

社会工作教育改革研究

主编　许涛

WUHAN UNIVERSITY PRESS
武汉大学出版社

图书在版编目(CIP)数据

社会工作教育改革研究/许涛主编.—武汉：武汉大学出版社,2023.12
ISBN 978-7-307-23736-0

Ⅰ.社…　Ⅱ.许…　Ⅲ.社会工作—教育改革—研究—中国
Ⅳ.D632

中国国家版本馆 CIP 数据核字(2023)第 075026 号

责任编辑:胡国民　　　责任校对:鄢春梅　　　版式设计:马　佳

出版发行:**武汉大学出版社**　　(430072　武昌　珞珈山)
　　　　　(电子邮箱:cbs22@ whu.edu.cn　网址:www.wdp.com.cn)
印刷:武汉邮科印务有限公司
开本:720×1000　　1/16　　印张:14　　字数:201 千字　　插页:1
版次:2023 年 12 月第 1 版　　　2023 年 12 月第 1 次印刷
ISBN 978-7-307-23736-0　　　定价:49.00 元

版权所有，不得翻印;凡购我社的图书，如有质量问题，请与当地图书销售部门联系调换。

序

    社会工作是一门重要而复杂的学科，旨在通过专业知识和技能的运用来解决社会问题和促进社会变革。在当今快速变化的社会中，社会工作专业面临着新的挑战和机遇。为了更好地适应社会的需求和培养具备创新思维和实践能力的社会工作人才，社会工作专业教学改革与研究变得至关重要。

    然而作为一门相对新兴的专业，纵观全国，社会工作专业的教学存在着一些共性问题：

    理论与实践脱节：社会工作专业教学中存在着理论与实践之间的脱节现象。学生在学习理论知识时，往往缺乏与实际工作相结合的机会，导致他们在实践中面临困惑和挑战。实践机会的缺乏限制了学生将理论知识转化为实际技能的能力，影响了他们的专业认同和职业发展。

    实习环节不完善：实习是社会工作专业教育中至关重要的一环，但目前实习环节存在一些问题。实习的机构选择、导师指导和评估体系等方面存在不一致和不完善的情况。一些学生可能面临实习机会不足或与专业不相关的实习经历，导致他们无法充分提升实践技能和了解实际工作环境。

    教学评估方法有局限：社会工作专业教学评估方法相对单一，目前的评估主要依赖于传统的考试和论文写作，难以全面评估学生的实践能力和专业素养。多样化评估方法的缺乏限制了学生综合能力的培养和评估。

    社会变革应对不足：社会工作专业教学在适应社会变革和新兴社会问题方面存在不足。社会问题的复杂性和多样性需要教学内容和方法与时俱进，以便更好地应对新的挑战。然而，一些教学内容和方法相对滞后，未能及时反映社会的变化和需求。

目前，国内社会工作专业在人才培养过程中对于上述问题，相关教师一直在教学和科研过程中积极探索以求应对与改变。有些结构性的问题没有解决，需要政策环境的提升与支持，有些技术层面的问题经过老师们的努力则有了一些改变。本书正是浙江师范大学社工系教师近年来在教学方面的一些探索成果，涵盖社会工作专业教学的各个方面，如教学理念转变、教学方法改革、教学模式变换、实践教学创新等。这些努力和尝试，应该有助于社会工作专业的教学以及人才培养质量的提升，相信对其他高校社会工作专业的教学和研究也有一定的参考和借鉴意义。

本书在撰写过程中得到了时任浙江师范大学法政学院副院长、现任国际文化与社会发展学院党委书记王巨山教授的热情指导。浙江师范大学副校长林一钢教授、教务处处长陈敏教授也一直关心本书的出版并给予了大力支持。在此，对他们表示衷心的感谢！

许　涛

2023 年 10 月

目　　录

1

"启发+讨论+参与"式教学方法在课堂教学中的应用与成效
——以"社会心理学"为例

闫春华

教学方法与教学目标密切相关，教学目标的确立直接影响教学方法的选择，而教学方法的精准运用又会反向促进教学目标的实现，进而达到理想的教学效果。在"社会心理学"课程教学过程中，笔者结合课程教学内容、学生年龄特点与偏好，综合采用教师讲授、视频教学、课堂讨论、现场实验、小组汇报等方法，来启发学生的思维，以提高学生参与讨论的积极性。课堂教学取得了较好成效，课堂"抬头率"和学生"满意度"都比较高。

一、课堂教学方法改革的必要性

高等教育的教学质量主要依靠课堂教学来实现，高校课堂承担了传递知识培养高水平人才的重任。为了提高课堂教学质量，高校课堂教学方法改革势在必行。这就要求教师不能再一味地"满堂灌"式教学，而要根据课程性质、教学内容、学生特点以及他们的真实偏好等，灵活运用多种教学方法展开教学活动。

（一）"满堂灌"式教学方法的弊端

传统的"满堂灌"式教学方法是教师通过"拼命讲"的方式，一味地向学生灌输大量知识。在极端情况下，教师个人只顾"低头讲"，全程不理会学生的感受，更不在乎学生愿不愿意听、有没有理解、能不能理解等重要问题，全面地暴露出"老师拼命讲，学生不理会"的弊端。从过去十余年的学生经历和上课体验来看，"满堂灌"式教学方法效果并不好，学生课上玩手机、睡觉、聊天现象普遍，课下恶语评价任课教师成为常态，教学过程中没有形成教与学的良性互动。

究其根本，"满堂灌"式教学方法与当代大学生的现实需求存在较大偏差，这就有必要系统全面地认识当代大学生这一群体。作为新生代的大学生群体，他们在物质水平上无疑过上了较为富足的生活，人手一台笔记本电脑、一部平板电脑、一部手机已成常态。在互联网发展加速推进的今天，电脑、手机等媒介为学生快速了解国际、国内社会新闻动态提供了极大的便利，使他们可以在浏览信息的过程中，接触更多新鲜事物，扩大社会认知面。同时，随着网络在线课程的大面积开放，学生可以选择大量精品课程在线学习相关理论知识。他们已经不再满足于课堂上仅仅是"教师讲"的样态，而是更愿意参与其中。

可以说，学习资源和学习渠道的增多，当代大学生的视野变得越来越宽，接受新事物的能力也随之增强。学习和实践的机会增多了以后，也具备了一定的看待问题、分析问题和处理问题的能力，能够清晰地表达自己的一些见解，对一些事情也能发表专业意见。此时的课堂教学，教师应该多花心思并有意识地启发学生思维，助其深度思考和参与互动。但现实情况却是，有些教师根本不去了解当代大学生的现实状态和真实需要，一味地采取"满堂灌"式教学方法，也无法激发学生的学习兴趣。但碍于出勤等考核压力，学生不得不在课堂上坐着，但他们通常会采取在课堂上睡觉、聊天、玩手机等方式进行"日常反抗"。

(二) "启发+讨论+参与"式教学方法的优势

鉴于传统"满堂灌"式教学方法的种种弊端、相对低效的教学成效，同时结合笔者十余年来大学课堂学习的切实感受，在"社会心理学"的教学过程中，笔者探索使用了启发、讨论和参与等多种方法融为一体的教学方法。启发式教学主要是在系统讲述社会心理学理论知识的基础上，教师根据相应章节的教学任务，选择贴近学生现实生活的视频案例，以启发学生的思维为核心，通过有针对性的引导，将相对抽象的理论知识融入具体案例，从而调动学生的学习主动性和积极性。讨论式教学法主要运用在学生基本理解理论知识的基础上，笔者至少在下一次课堂教学前1~2周时间提供相关电影、小说、视频案例等素材，通过预先的组织设计，启发学生就特定问题勇敢地发表自己的看法，培养学生独立思考能力和创新精神。需要说明的是，讨论式教学并不是简单地让学生们围一圈，"头碰头"式的闲聊，而是要提前谋划，从而让学生真正去思考、去讨论、去碰撞思想、去发表专业见解，最终将所学知识融会贯通地加以运用。

基于前期的学习基础，在课程教学中，教师将从众、偏见等与学生紧密相关的群体心理和行为课程教学提纲提前分发给学生。在教师的指导下，学生组成合作学习小组，学生之间通过讨论，进一步丰富教师提供的教学提纲，有针对性地完善专业知识内容，并辅以案例或现场实验加以解读，使其全身心地"体验"教师角色，充分运用灵活多样、直观形象的教学手段，积极参与教学过程，成为其中的积极分子。同时在学生展演完毕后，教师做专业知识上的相关必要补充。在这一过程中，教师与学生之间的信息交流和反馈更加强化，使学生能深刻理解、领会并掌握所学知识，并能将理论知识运用到实践中去。

在强调素质教育的今天，为发展学生的主体性、培养学生的创造性，启发、讨论、参与式教学法作为教学方法的革新，频繁出现在大学课堂中。教师也要始终秉持以"教师启发"促"学生思考"的理念，时刻将学生摆在中心主体的位置，扭转"老师满堂灌、学生不想听"的窘境。社会心理学是一门研究"社会中的人"（个体、人际、群体等层面）的各种社会行为及心理活动变化规律的交叉学科。课程主要采用教师启发，学生思考、参与讨论的教学方法，让学生更好地理解现实生活中的各种社会心理及行为，学会运用相关原理和技能解决现实问题，从而促进学生身心和人格的健康发展。这门课程非常贴近现实生活，绝大多数章节可以挖掘出丰富的思政教学素材。因此，在具体的教学过程中，笔者有针对性地融入思政内容，以期实现"既传播知识又传授美德"的教学效果。

二、"启发+讨论+参与"式教学方法的应用

课堂教学方法改革的重要性不仅要在理论层面上深入讨论予以厘清，更要在实践层面上探索应用，在具体的教学过程中不断积累经验，完善教学方法，提升教学质量，真正做到高校课堂教学方法改革的有效"落地"和"落实"。在"社会心理学"课堂教学过程中，笔者探索使用了启发式教学、讨论式教学和参与式教学相结合的多种教学方法，具体应用过程及相关教学情况如下文所述。

(一) 启发式教学促学生深度思考

虽然"社会心理学"这门课很贴近现实生活，但其中也有一些比较抽象的理论知识。如个体层面的"自我"这一讲内容就涉及很多，什么是主我 (I) 与客我 (me)？什么又是物质自我、社会自我和精神自我？自我的边界在哪里？何为自尊？什么是人际层面的"人际关系三维理论"？什么是"社会认知归因理论"？什么是群体层面的"社会态度"的内涵？……对于这些相对抽象的理论知识，如果教师一味地"讲课本、读课件"，那学生必定会听得"云里雾里"，很快失去听课兴趣。

为了将抽象的理论知识"讲活"，笔者探索使用启发式教学方法授课。下面将着重介绍教学过程以及知识点与思政教育衔接点两个方面。一是教学实施过程。教师与学生共同研读长篇小说《傲慢与偏见》。这是英国作家奥斯汀的代表作，小说以日常生活为素材，一反当时社会上流行的感伤小说的内容和矫揉造作的写作方法，生动地反映了18世纪末到19世纪初处于保守和闭塞状态下的英国乡镇生活和世态人情。小说通过发生在英国的爱情故事，让我们感受到男主角 (达西) 的傲慢和女主角 (伊丽莎白)

的偏见，展现了社会态度中的诸多内容。

通过对小说的解读，教师进一步引导学生积极思考"社会态度是什么"这一问题。针对学生的发言内容，教师及时总结提炼，并详细介绍了社会态度的内涵，即"个体对社会环境所持有的一种具有一定结构和比较稳定的内在心理状态"。同时强调，社会态度一方面与"表层的观点、看法和意见相联系"，另一方面又与"深层的价值观和信仰相联系"，只有"透过现象看本质"才能更好地理解社会态度是一个"由表及里""从内到外"的系统。透过社会态度的内涵并联系小说呈现的相关内容，教师详细地介绍社会态度是由"认知（价值观）、情感和行为意向"三个要素构成的。同时强调，当分析个体或群体的不良社会态度时，我们要深入剖析价值观，即是不是价值观出了问题，才会产生相应的社会态度？与价值观相比，由于认知和情感对社会态度的影响比较大，所以社会态度更容易受到个体情绪、他人态度或外界环境的影响而改变，并可能做出一些不理智的行为，甚至出现某个人或团体对另一个人或团体所持有的一种不公平、不合理的消极否定态度（偏见、刻板印象等）。对此，提醒学生要加以警惕、尽量避免。

二是知识点与思政教育衔接情况。通过以上知识点的讲述，教师提醒学生在日常学习和生活中，不能片面地就某个具体事件的态度便推知某个人的价值观和信仰；同时引导学生走正路，让他们做到"不盲从"和"理性化"。正如习近平总书记 2014 年 5 月 4 日在北京大学考察时说："青年的价值取向决定了未来整个社会的价值取向，而青年又处在价值观形成和确立的时期，抓好这一时期的价值观养成十分重要。这就像穿衣服扣扣子一样，如果第一粒扣子扣错了，剩余的扣子都会扣错。"① 同时强调，在大多数情况下，作为一种负面的社会态度，偏见是错误的，有违社会公正，有违社会主义核心价值观。提醒学生注意分辨是非，鼓励学生敢于"自省"（此处可以引入曾子在《论语·学而》中谈到的"吾日三省吾身"等

---

① 习近平谈治国理政［M］. 北京：外文出版社，2014：172.

内容），积极践行社会主义核心价值观，传递正能量，弘扬真善美（这与习近平总书记在 2020 年第 17 期《求是》杂志刊发的《思政课是落实立德树人根本任务的关键课程》中的部分内容高度契合）。

（二）讨论式教学深化理论知识的学习

针对授课内容中一些较为抽象难懂的理论知识点，笔者尽量采用启发式教学方法，引导学生深度思考，帮助他们在过程中慢慢理解消化。但学生从"理解"到"消化"，再到"内化"，最后能"转化运用"理论知识点，需要一个过程。在这个过程中，如果教师能进一步辅以相关案例，与学生共同讨论学习 1~2 次课的话，将有助于学生对相关理论知识点的理解，巩固学生的学习效果。

在"社会心理学"的课程教学中，笔者采用讨论式教学方法帮助学生进一步深化学习相关理论知识。讨论式教学法的运用需要教师提前准备设计，这样才能起到事半功倍的效果。为了加深学生对相关理论知识点的认识，笔者在启发式讲授完相关抽象理论知识以后，会有意识地选取电影、小说、视频案例等教学素材，分发给学生，同时要求学生 4~5 人组成一个学习讨论小组（教师加入某一小组），于 1~2 周后展开师生共同讨论案例的教学活动。

下面以人际关系理论教学后的师生共同讨论案例教学活动来具体说明之。在系统讲授人际关系三维理论（美国心理学家舒茨提出个体在人际关系的建立中会寻求包容需要、控制需要和情感需要三种需要的满足）内容以后，教师推荐各学习讨论小组一起观看经典电影《美丽心灵》。该片讲述了患有精神分裂症的数学家纳什在博弈论和微积分几何学领域潜心研究，最终获得诺贝尔经济学奖的故事。但这一过程并不容易，其间，他经历了"现实"与"虚幻"的强烈碰撞，电影通过展现纳什的虚幻感觉以及痛苦表现，在内容结构与对现实的启迪上引发人们对如何处理人际关系的深刻思考。

在学习小组一起提前观影的前提下，教师有意识地引导各个学习小组从"现实"与"虚幻"沟通的角度，深度讨论人际关系中的包容需要、控制需要和情感需要三种需要的具体表现样态，人际关系的具体影响因素，以及人际交往中如何处理与其他人的关系等内容。讨论式教学方法的重点在于教师要预先组织设计，有意识地引导并启发学生针对相关理论知识点进行深度讨论，并勇于在小组学习讨论的过程中表达想法。还要培养其合作学习与独立思考的能力，在与教师共同讨论学习的过程中，深化理论知识的学习。

（三）参与式教学凸显学生的主体性

引导学生主体参与教学有利于激发学生积极思考、探索实践的热情，也能避免"接受性教学"给学生带来的被动学习体验。主体参与和活动有着非常密切的联系，活动是主体参加的目的、对象和内容，离开了活动，就谈不上主体参与；活动不会自动产生，正是由于有了人的主体参与，才使活动成为活动，成为展示人、发展人的重要途径。① 学生主体通过设计教学提纲、合理安排教学内容、灵活运用教学方法、展开必要的教学互动环节等一个完整教学活动的体验，在能动性和创造性地完成"教学一体"的过程中，既赋予了教学活动特定的意义，也在自我主导式的教学过程中实现了躯体、情绪和心智的"全部沉浸"②。

基于启发式教学、讨论式教学的前期基础，笔者充分鼓励学生参与从众、偏见等群体心理及行为的教学工作。学生通过在室外进行从众活动实验，有效地将教师和同学组织在一起，在过程中体验式学习并深度理解从众行为的具体表现、影响因素、意外后果，以及群体心理和行为中的社会助长、社会懈怠、去个体化等概念内涵。随后，学生还组织了小组研讨，充分调动班级每位学生分享在现场活动中沉浸式体验学习的心得体会和重要收获。作为参与式观察者，笔者通过学生的肢体语言、面部表情等的变

---

① 王升. 论学生主体参与教学［J］. 教育研究，2001（2）：39-43.
② 方展画. 罗杰斯"学生为中心"教学理论述评［M］. 北京：教育科学出版社，1990：99.

化，能真实地感受到参与式教学带给学生的快乐，而且感受到其在快乐的学习过程中，学习效率很高，主体性得以彰显。

综上所述，笔者通过启发式教学促进学生深度思考讨论式教学如何深化理论知识学习、参与式教学如何凸显学生的主体性等，并将多种方法融为一体，探索开展了"社会心理学"的教学工作。需要强调的是，三种教学方法不是割裂的状态，而是紧密结合在一起的。启发式教学意在帮助学生理解"社会心理学"课程教学中的抽象理论知识；讨论式教学紧跟其后，通过师生共同研讨的方式，进一步"巩固—深化—内化"理论知识的学习；参与式教学则进一步激发学生的学习热情，彰显学生的主体性，实现学生充分参与，在全身心沉浸式学习中体验快乐。

三、融入多种教学方法的课堂教学成效

为全面客观展现"社会心理学"课堂教学的成效，笔者综合采用了学校教务系统中学生的匿名评价、学生课后咨询频率和深度，以及相关年级学生交流反馈等多种方式评价，通过课堂"抬头率"和学生"满意度"两个指标予以重点说明。

(一) 课堂"抬头率"较高

课堂"抬头率"的高低是评价课堂教学质量高低的一种直接方式，也是学生最能表达好恶情感的一种真实方式。相信大部分人有过这样的经历，当你在工作日的上课时间路过若干个教室时，你会感觉到很大的差异。有些教室课堂氛围活跃，老师和学生们交流互动多，甚至伴有很大的欢笑声，你不由自主地就会想去看看他们在讨论什么；而有些教室课堂氛围非常沉闷，只听到教师一个人在不停地讲，根本听不到学生的任何声音，再仔细观察发现，课堂"抬头率"很低，有人在玩手机，有人在睡觉，有人在做其他事情，等等。大学生是相对单纯的群体，喜欢就是喜欢，不喜欢就是不喜欢，当他们对沉闷的课堂不感兴趣时，直接表现就是不愿意抬头也不想抬头。而此时,教师就该认真反思一下了,是不是自己的教学方式方法存在问题?如果确实存在问题,就有必要变换使用符合学生年龄特点和偏好的不同教学方法,将抽象的理论知识讲活,激发学生的参与积极性。学生学习积极性提高以后,课堂"抬头率"自然而然也就上来了。

在"社会心理学"的课堂授课过程中,笔者探索使用了教师讲授、视频教学、课堂讨论、现场实验、小组汇报等差异化的教学方法,有效地激发了学生的学习热情。通过教师日常观察和班干部记录统计,所有课堂教学过程中,没有学生睡觉,没有学生闲聊,除个别同学外,大部分人能保持热情,认真抬头听课,并愿意参与课堂讨论,与老师、同学交流互动,表达观点。不管我们愿不愿意承认、想不想承认,学生课堂"抬头率"的高低都是评价课堂教学质量好坏的一项重要指标。因此,在具体的课堂教学工作中,教师除了完成"讲"这一重要任务外,还要时刻关注学生课堂"抬头率"情况,并适时调整、改进教学方法。

(二)学生"满意度"较高

学生对所学课程以及教师表达满不满意的方式有很多种,如课上的表现、课后的评价等。接下来,笔者将从"学生匿名评价"和"学生课后反馈"两个方面来呈现"社会心理学"课堂教学的学生满意度情况。"社会心理学"课程授课对象为社会工作专业大一本科生,笔者所在教学班共有40名学生,在2020—2021学年第2学期中,除5名学生因事、因病等原因请假以外,剩余教学周内课堂全部满勤。通过一个学期的观察发现,2/3以上的学生会提前30分钟进入教室,帮助教师打开教学设备,擦黑板,学生前排入座率较高。

从学校教务系统中的学生评价情况来看,学生对"社会心理学"课程教学的满意度较高。教学班共有40人,有效参评人数31人,占比77.5%;学生对教学准备、教学互动、教学内容、教学方法、学习效果、总体评价六方面的满意度分别为95.94%、96.55%、96.55%、95.90%、94.68%和

95.94%。具体分析"教学方法"这项内容可以发现,大部分学生同意教师会"根据不同的教学内容采用多种教学方法",他们"能接受老师的教学方法",其中非常同意的有 27 人,比较同意的有 3 人,基本同意的有 1人。总体来看,学生的满意度较高(见表 1)。

表 1　　　　　　　　教务系统中的学生课堂教学评价情况

序号	评 价 指 标	满意度	非常同意	比较同意	基本同意	不同意	很不同意
1	教学准备充分,关心学习,言传身教,对学生产生正面影响	95.94	26	5			
2	与学生有效互动,引导同学们积极参与课堂活动,激发学生主动学习热情	96.55	27	4			
3	教学内容安排充实,富有前瞻性、学术性、启发性,能满足学生求知欲	96.55	27	4			
4	根据不同的教学内容采用多种教学方法,能接受老师的教学方法	95.90	27	3	1		
5	学习效果好,专业知识得到拓展,分析问题能力得到提升,更喜欢学习	94.68	25	5	1		
6	我对老师的教学很满意	95.94	26	5			

从学生课后反馈情况来看,学生的满意度也较高。有些学生会在班级里公开表达满意,即通过"社会心理学"这门课程的学习,他们对"自我"有了更深入的认识,这有利于在成长过程中不断了解自我、接纳自我,避免无谓的焦虑,减少内心冲突。还有些同学表示,通过"社会心理学"这门课程的学习,他们的人际关系有了较大改善。在充分学习并了解人际关系建立发展不同阶段的特点、人际关系理论、人际关系的影响因素、不良人际关系的改善等内容后,一位同学课堂上深度展露自己,提出愿意跟"冷战"1 年多的同学和解,并主动发道歉信息;还有一些同学表

示，他们在处理宿舍紧张的人际关系时，会有意识地收敛个人情绪情感，会冷静下来，心平气和地沟通交流，宿舍关系逐渐改善。在教学过程中，教师最愿意看到的莫过于"既传播知识又传授美德"的教学效果了。

四、结　语

鉴于"社会心理学"这门课程非常贴近现实生活的特点，笔者在全面分析当代大学生群体特点及偏好的基础上，有针对性地选用了学生群体熟悉的电影、小说、经典视频案例、热点新闻事件等教学素材，根据教学重点难点有针对性地采取了启发式教学、讨论式教学和参与式教学相结合的多种教学方法，层层递进地展开了相关教学活动，促进了学生的深度思考、深化了理论知识的学习、凸显了学生的主体性地位。经过一个学期的探索与实践，课堂教学取得了一定成效，学生"抬头率"较高，"满意度"也较高。

通过教学方法的改革，"社会心理学"这门课程有效地激发了学生的学习兴趣，同时在教学过程中实现了教学创新，形成了一定的特色。总的来看，教学创新和特色点主要表现在以下三个方面。一是，本着"教师为主导，学生为主体"的原则，在教师的不断启发、引导和鼓励之下，学生愿意参与讨论和表达想法，学生的主体性意愿得到充分发挥，学生的综合能力不断提高。学生普遍反映课堂较民主，在师生互动之间便很好地学习了相关知识。二是，精心设计并充分挖掘贴近生活的最新教学素材，做到将社会心理学相关原理与思政教育内容紧密结合，教学内容紧凑，论证有据，可以实现"既传播知识又传授美德"的效果。三是，根据学生的年龄特点及偏好，综合采用了旨在能够充分调动学生学习积极性的多种教学方法（讲授、视频教学、课堂讨论、现场实验、小组汇报）。方法的多样性可以很好地吸引学生的注意力，极大地提高了课堂"抬头率"，活跃了课堂氛围，学生综合反馈良好。虽然取得了一定成效，但前路漫漫，还需要不断探索实践。

参 考 文 献

[1] 王升.论学生主体参与教学 [J].教育研究, 2001 (2).

[2] 方展画.罗杰斯"学生为中心"教学理论评述 [M].北京：教育科学出版社, 1990.

[3] 李寒松.现实与虚幻的沟通——从"美丽心灵"看人际关系的美妙 [J].电影评价, 2010 (10).

[4] 曾琦.学生课堂参与现状分析及教育对策——对学生主体参与观的思考 [J].教育理论与实践, 2003 (8).

[5] 辛涛, 申继亮.论教师的教育观念 [J].北京师范大学学报（社会科学版）, 1999 (1).

[6] 周晓虹, 等.社会心理学概论 [M].北京：高等教育出版社, 2021.

服务学习在社会工作教育创新中的实践探索[①]

——以"青少年社会工作"课程为例

蔡玉敏

21 世纪以来，我国高校社会工作教育进入快速发展的时期。2006 年 10 月，党的十六届三中全会在《中共中央关于构建社会主义和谐社会若干重大问题的决定》中提出要在诸如社会救助、公共卫生、司法矫正、教育就业等诸多领域"建设宏大的社会工作人才队伍"，应对社会经济发展实践对社会工作专业的旺盛需求。2010 年 6 月，中共中央、国务院发布《国家中长期人才发展规划纲要（2010—2020）》，正式将社会工作人才队伍列入国家重点发展的六大人才队伍之一。截至 2019 年，全国有 348 所高校开展社会工作本科教育、155 所高校和研究机构开展社会工作专业硕士（MSW）教育，另有 80 余所高职院校开展社会工作专科教育，每年培养社会工作专业毕业生 3 万多名。总体来看，近年来我国社会工作组织体系、制度建设、人员规模、行业规范等得到了快速推进和充足发展。

然而，由于发展过程中诸多因素的限制，高校社会工作教育质量的优化与提升成为影响我国社会工作高水平人才培养的制约因素之一。甚至有学者直言，与西方社会工作先实践后教育的发展路径不同，中国社会工作

① 本文受浙江省教育厅项目"义务教育阶段学校社会工作制度建构研究"、浙江师范大学教研项目"社会工作课程教学中的价值观教育"资助。

13

的发展呈现出"教育先行"的特点；但是，教育先行并不必然意味着教育引领，相反，它可能带来社会工作教育的"降维"，"社会工作"被塑造成一门片面强调实践，并与其固有的价值理念相分离的学科。① 正是在这样的背景下，讨论服务学习理念及教学模式，在专业课程教学中践行知行合一、批判性思考、反思性学习，积极开展教育教学模式创新才是寻求社会工作专业高质量发展的必由之路。

本文首先从服务学习的概念界定、核心特质以及有效服务学习的原则与过程三个方面对服务学习理论知识进行梳理和分析，然后聚焦讨论服务学习在"青少年社会工作"课程中的实践与应用，以期对我国高校社会工作教育质量的优化与提升贡献绵薄之力。

一、服务学习的概念界定

在中国，服务学习（service-learning）是一个舶来品，是从西方引进的众多教学法（pedagogy）之一。从起源来看，服务学习并非当时社会工作专业的教学方法，而是国际志愿服务和慈善运动、大学教育改革运动的成果，来自对公民教育、人权教育、社会责任感培育的持续探索。② 一般而言，"服务学习"这个术语是 1967 年在美国南部地区教育会议上，由 Robert Sigmon 和 William Ramsey 首次提出来的。之后，服务学习的发展从美国逐渐扩展到欧洲、日本、韩国、新加坡，以及中国香港和台湾等国家和地区，譬如东亚地区的韩国大学、香港岭南大学、台湾辅仁大学等高校成立了专门的服务学习中心。因此，20 世纪 60 年代以来，国际社会关于服务学习的积极探索积累了丰富的研究成果，有助于我们客观全面地认识

① 郑广怀. 教育引领还是教育降维：社会工作教育先行的反思 [J]. 学海，2020（1）：109-112.

② 彭华民. 服务学习之核心要素、行动模式与角色结构 [J]. 探索与争鸣，2012（5）：49-52；彭华民，杜文斌. 服务学习的创新扩散与行动改善：以韩国大学为例 [J]. 社会建设，2021（4）：3-11.

服务学习并正确地应用于教育教学创新实践。

(一) 服务学习的概念界定

尽管备受青睐，目前对于服务学习的定义并没有一个统一的标准。美国学者 Jacoby 从上百种不同的服务学习定义及争议中，提出了服务学习的定义：服务学习是一种经验教育，在学生投入强调人类与社区需求的活动中，同时也有计划地创造机会促进学生的学习发展。反思（reflaction）与互惠（reciprocity）是服务学习的两个关键概念。[①] 关于反思，她认为服务学习是经验教育的一种形式，因此就教育原则而言，经验未必一定促进学习发展，学习发展需要有意地设计反思来催化。至于互惠，Jacoby 认为所有参与服务学习的人都是学习者，彼此帮助对方决定学习目标，服务者与被服务者都是教导者也是学习者。

此外，不少学者及教育机构认为服务学习是一种有效的教学法（pedagogy），可以广泛地应用于中小学教育和高等教育等多层次的教育系统。例如，美国高等教育协会（American Association for Education）关于服务学习的定义是："服务学习是学生通过有目的地、有组织地服务进行学习获得发展的一种学习方法，这些服务活动既满足了社区需要，又和高等教育机构的使命结合起来，既有助于培养学生的责任，又因与学生学术课程的结合而提高了学生的学术成绩。"[②] 作为一种教学方法，服务学习是以 Dewey、Piaget、Lewin、Kolb 的经验学习循环理论为基础，强调它根植于经验教育，其核心是有意的设计反思，因为只有反思才会有学习的产生。经验学习循环理论描述学习犹如一个不断重复的四步骤：具体经验—反思经验—统整概念—积极实践。参与服务学习开始于学习者的具体服务经验，随后有一段时间就所经验的加以反思，分析到底发生了什么以及所见所闻有什么意义；接下来，"反思"刺激学习者去统整所见所闻及其意义，

---

① Jacoby H, et al. Service-learning in higher education: concept and practices [M]. San Francisco: Jossey-Bass, 1996: 3.

② 周加仙. 美国服务学习理论概述 [J]. 外国教育研究, 2004 (4): 14-18.

从现有知识中形成一些概念和质疑，借此促进学习者对世界及造成服务需求的成因有更深的了解。最后，学习者测试这些概念于各种不同的情境，这种实践促使学习者又开始一个循环，如此不断重复。①

为了与专业实习、传统社区服务以及实操训练或课程实践活动相区别，Sigmon 提出目前大学中有四种服务学习模式（见表1）。第一种是"service-LEARNING"，强调学习目标最重要，而服务结果是次要的；第二种是"SERVICE-learning"，以服务为核心，学习是次要的；第三种是"service learning"，服务与学习缺失联结，两者完全分离无关；第四种是"SERVICE-LEARNING"，服务与学习目标同等重要。其中，正规课程安排的专业实习类似第一种，传统的社区服务类似第二种，而课程实践则类似第三种。Sigmon 最推崇的是第四种，即服务学习的意义在于服务与学习目标并重，让服务者与被服务者的期望和目标都能够达成。可见，相对于正规课程安排中的专业实习和课程实践活动而言，服务学习教学模式对教学的要求更高，对教学产出和服务成效有着更高的期待。显然，这种教学模式有助于改变传统课堂教学中理论与实践割裂的根本问题，也有助于协助学生提高分析与解决实际问题的综合能力。

表1 服务学习的关系类型

service-LEARNING	以学习目标为主，服务的成果次之
SERVICE-learning	以服务的成果为主，学习目标次之
service learning	服务与学习的目标之间关联不大
SERVICE-LEARNING	服务与学习的目标并重

总而言之，本文认为服务学习的本质是一种基于经验主义教育哲学的教学方法，通过学习与服务的紧密联结和齐头并进来提升教学质量与效

① 徐明，等. 从服务中学习：跨领域服务学习理论与实务 ［M］. 黄玉，总校阅. 台北：洪业文化事业有限公司，2008：171-174.

果。与传统的课堂授课方式相比,服务学习更注重"知行合一""经世致用",更强调以学生为主体的体验式、浸润式学习。

(二) 服务学习的核心特质

为了更好地把握服务学习的本质,本文借鉴了徐明、黄玉等人的观点,认为理想服务学习课程应该包括以下五个核心特质。

第一,协同合作 (collaboration)。服务学习的顺利开展离不开提供服务的学校 (包括师生) 和被服务的社区 (服务机构) 之间的有效合作。服务学习中的各方是一种平等互利的关系,在合作过程中一起承担责任、一起努力和共享服务成果。他们常常共同设定服务目标,决定服务进行的方式来满足双方共同兴趣、需求和期待。在具体实践中,服务机构除了关心自己的需求,还应该提供服务学生充分的训练及相关背景说明并给予学生反馈、协助,积极促进学生学习与成长;提供服务的学校与服务机构的地位是平等的,要与服务机构一起规划学习目标,督导服务,帮助机构达成目标,让被服务者经由服务赋能成长。

第二,互惠 (reciprocity)。服务学习研究者普遍认为,互惠是服务学习的核心特质。所谓互惠,就是指服务者 (尤其是学生) 与被服务者 (尤其是服务对象群体) 都能够从服务学习中有所收获,即彼此既是教导者也是学习者,共同努力、共享成果。传统志愿服务强调志愿者地位较高,被服务的人相对弱势,但服务学习的互惠原则强调互相教导和学习。譬如:学生协助弱势群体面对问题、解决问题,帮助其成长;弱势群体也帮助学生更了解他们的困境与社会问题症结。

第三,以学习为基础 (learning-based)。虽然服务学习主张服务与学习的同等重要性,但作为一种教学方法,服务学习的出发点和落脚点还是在于学习。因此,服务学习课程要精心设计具体的学习目标及其在服务计划中的实现途径。从前述经验学习循环理论来看,反思是服务学习课程教学过程中最不能缺少的环节;否则,学生无法从实际的服务经验中进行真正的学习。

第四，多元差异或异质性（diversity）。多元差异强调服务学习应包含多元化的社会群体，涵盖不同年龄、不同社会经济地位、不同性别、不同文化程度、不同地区等。通过这样的服务设计，服务者与被服务者均有机会接触与自己背景、经验不同的人，在服务中挑战自己既有的刻板印象、偏见，学会尊重别人的不同而带来观念的转变与自我的成长。当然，多元差异也意味着服务机构的选择、安排、服务方式、服务进度安排等，能够提供学生多元选择，以适应不同学生的兴趣、能力、经验与需求。

第五，以社会正义为焦点（social justice focus）。服务学习不仅仅是一种建设性的教学方法，而且有着鲜明的价值诉求，即追求社会正义。社会正义观点下的服务学习强调被服务者看到自己的能力与资产，对自己有信心，了解社会问题的根本原因，一起站起来改造社会体制，追求社会正义。①

可见，服务学习兼具工具理性与价值理性，这与社会工作教育中强调整合科学方法与专业价值伦理有着内在的耦合性。因此，笔者自接触服务学习这一教学法以来，尤其是2019年冬赴美访学开展高校课程教学理论与方法研修活动，积极尝试把服务学习应用于"青少年社会工作""学校社会工作"等社会工作专业实务课程教学实践。

二、与课程结合的有效服务学习原则

经过半个多世纪的实践与发展，服务学习被很多研究证明对学生个人、学校和社区有着积极的正面效果，并推动更多的学校加入进来。② 那么，接下来的一个关键问题是：服务学习究竟应该如何保证其有效性呢？在具体实践中如何有效实施与课程结合的服务学习？

---

① 徐明，等. 从服务中学习：跨领域服务学习理论与实务［M］. 黄玉，总校阅. 台北：洪业文化事业有限公司，2008.

② 周加仙，姚梅林，郭芳芳. 服务学习在中国：现实需要与推进策略［J］. 北京师范大学学报（社会科学版），2015（3）：51-58.

（一）有效服务学习的一般原则

根据现有的研究，关于有效的服务学习方面的理论观点有 Wingspread 的服务学习十原则、Eyler 和 Giles 的成功服务学习五要素、Howard 的服务学习课程六要素等。本文认为，结合前述有关服务学习五个核心要素制定的服务学习方案标准，因其可操作性强，更加便于应用与评估（见表 2）。

表 2　　　　　　　　　　五维度服务学习方案标准

核心要素	操作化问题	选项	
协同合作	1. 是否能给参与者提供公益性质的、具有责任与挑战的行动？	是	否
	2. 是否能通过不断沟通、改变来协调服务者与被服务者双方的需求？	是	否
	3. 是否包含定向训练、指导、监督、支持及评价来促进服务学习目标的达成？	是	否
	4. 是否能期许真实、积极与持久的组织承诺？	是	否
互惠	1. 是否能让被服务者来定义他们的需求？	是	否
	2. 是否能给服务者提供对实际服务经验结构化的批判反思机会？	是	否
	3. 是否包含定向训练、指导、监督、支持及评价来促进服务学习目标的达成？	是	否
学习为基础	1. 是否能给所有参与服务学习者指出明确的服务学习目标？	是	否
	2. 是否能给服务者提供对实际服务经验结构化的批判反思机会？	是	否
	3. 是否能澄清每一个涉入服务学习的个人与组织的责任？	是	否
多元差异	1. 是否能确保服务时间适当、有弹性，并切合所有参与者利益？	是	否
	2. 是否能由多元差异背景的人共同参与为多元差异背景的人服务？	是	否

核心要素	操作化问题	选项
社会正义为焦点	1. 是否能让被服务者来定义他们的需求?	是　否
	2. 是否能通过不断沟通、改变来协调服务者与被服务者双方的需求?	是　否
	3. 是否能由多元差异背景的人共同参与为多元差异背景的人服务?	是　否

(二) 与课程结合的服务学习原则

从具体实践来看,服务学习可以细分为多种类型。按照服务时间和次数来划分,服务学习可以分为单次或短期服务学习和持续性的服务学习;而按照组织方式来划分,服务学习可以分为与课程结合的服务学习和学校社团组织的课外活动服务学习。其中,与课程结合的服务学习是本文关注的焦点。

按照 Wade 分析,与课程结合的服务学习 (academic service-learning) 是指学生把课堂知识运用到服务过程中,通过积极参与有计划的学习,将其学习经验与学校课程集合,并将课堂所学知识应用到真实生活情境。所以,与课程结合的服务学习是一种以课程为基础的服务学习,它结合课堂教学与社区服务,具有清楚明确的课程目标,并借由服务经验,透过反思活动来强化学生教室内的课程学习,从而提升学生的整体学习效果。

针对与课程结合的服务学习,Howard 提出了十条服务学习教学实施原则,具体包括:(1) 服务课程学分的给予仍然着重"学习",而不是"服务";(2) 服务学习课程不能等同于社区服务或课程实践活动;(3) 确立清晰具体的学习目标;(4) 建立选择服务机构准则;(5) 提供有效的学习策略及指定作业;(6) 在整个服务过程中持续指导学生从服务中学习;(7) 营造有利于学生主动学习的社区学习环境;(8) 重新思考教师教学的角色；（9）接纳学生多元的学习差异；（10）强化公民教育在课程中的定位。① 只有严格遵循这些教学实施原则，才能真正领悟服务学习的真谛，增进学生的学习效果和社会责任感，同时积极奉献社会。

三、与课程结合的服务学习过程与步骤

目前，关于服务学习过程与步骤的探讨主要有"三阶段"论、"四阶段"论和"七阶段"论。② 相比较而言，根据前述服务学习五个核心要素的阐述，本文更倾向于采用 Geleta 和 Gilliam 提出的服务学习三阶段主张，即准备期（preparation）、行动期（action）和评量期（evaluation），如图 1 所示。③

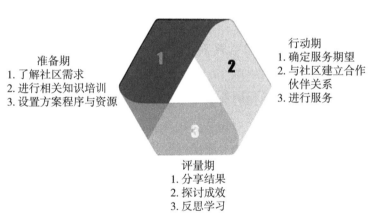

图 1　与课程结合的服务学习实施阶段

需要指出的是，图 1 中服务学习特别强调的"反思"这一核心要素及

① 徐明，等 . 从服务中学习：跨领域服务学习理论与实务 ［M］. 黄玉，总校阅. 台北：洪业文化事业有限公司，2008.

② 杨慧，王茹薪 . 服务学习理念及其在民族社会工作专业教育中的应用 ［J］. 民族教育研究，2018（5）：90-96.

③ 徐明，等 . 从服务中学习：跨领域服务学习理论与实务 ［M］. 黄玉，总校阅. 台北：洪业文化事业有限公司，2008：178.

其践行不仅仅是服务结束之后的反思学习，而且是贯穿于整个服务学习课程教学过程。另外，由于中外社区发展水平与服务体制方面的差异，图1中所谓的"社区"不仅仅是指我国街居制下的社区，而且指社会学意义的社区共同体，可以包括多元化的社会单位，譬如家庭、学校、医院、企业或工厂、城乡社区以及非营利部门等广泛的社会工作服务领域。

四、服务学习在"青少年社会工作" 课程教学中的实践探索

作为一种有效的教学方法，服务学习目前被广泛地应用于高等教育领域，涉及教育学、应用心理学、公共管理、社会工作、护理学等。2015年9月，笔者在浙江大学公共管理学院开始为期一年的青年学者研修计划，开始关注和思考社会工作教育教学方法创新问题。2019年12月，笔者到美国堪萨斯大学（KU）访学，实地观摩了案例教学法、服务学习法、小组教学法（TBL）等多样化的大学课堂教学。根据多年的教学实践经验和比较分析，笔者认为服务学习是目前较为适合中国开展社会工作教育创新的方法，并尝试在自己任教的专业课程及指导的见习实习项目中进行推广和应用。

（一）服务学习法在"青少年社会工作"课程中的实践

根据国内外学者对有效服务学习经验的归纳与总结，笔者理性地评估了"青少年社会工作"课程采用服务学习法的优势与挑战。其中，"青少年社会工作"课程采用服务学习法的优势比较明显，主要表现为教学内容、讨论主题及其服务对象常常与大学生自身的成长与经历结合紧密，容易激发大学生学习的积极性与主动性。不过，将"青少年社会工作"课程引入服务学习法，同样面临着其他课程采用服务学习法类似的挑战。譬如，国内外学者一致认为，在与课程结合的服务学习过程中，由学校一级单位成立的专责机构——服务学习发展中心，是服务学习能够持续下去并成功的重要

关键因素。① 此外，有效服务学习还必须建构良好的社区学校合作伙伴关系，社区及其相关社会服务机构的支持与合作是服务学习能够顺利开展的必备条件。至于引入服务学习法对主讲教师与学生角色转型的高要求，也是主讲教师在缺乏外部资源背景下独自开展教育教学创新所不得不面临的压力。

尽管面临这样或那样的挑战，笔者在"青少年社会工作"课程教学过程中积极倡导社会工作教育教学创新，常用的方法是：鼓励选课学生以小组的形式参与服务学习项目，通过申报与完成各类公益服务项目获得社会支持来践行服务学习教学模式。特别值得一提的是，由于学校、学院、社工系三级管理部门没有形成服务学习强制性规范，笔者是无法强制选课学生参与服务学习小组项目的。因此，在"青少年社会工作"课程教学中，无论主讲教师还是学生团队开展服务学习纯属自愿性质。

为了有效开展服务学习，笔者事先进行了"青少年社会工作"课程服务学习方案设计（其教学计划见表3），还把积极主动的选课学生编成若干服务学习小组，指导并督促其将项目完成。

表3   "青少年社会工作"课程服务学习教学计划简表

阶段	主题/单元	内容与活动
准备期	1. 儿童虐待防治 2. 青少年物质滥用防治 3. 青少年性教育 4. 青少年精神健康 5. 校园欺凌防治	1. 理论建构 2. 专题报告 3. 服务方案设计 4. 服务方案书面报告 5. 服务对象的联系与了解 6. 服务场地的联系与熟悉 7. 社区服务机构的联络与合作

① 朱健刚. 服务学习：社会工作教育的通识化［J］. 学海，2020（1）：113-118；姚进忠，蒋尚源. 服务学习：社会工作专业阶梯式培养模式的行动研究［J］. 社会建设，2021 年（7）：12-23；吴波. 服务学习教学法的一次行动探索［J］. 教育学术月刊，2020（1）：95-105.

续表

阶段	主题/单元	内容与活动
行动期 （项目制）	儿童虐待防治	1. 认知层面：儿童虐待的风险因素、儿童虐待的三级预防体系、中国儿童保护政策、社会工作者的角色 2. 技能层面：儿童虐待的防治技巧
	青少年物质滥用防治	1. 认知层面：青少年物质滥用的风险因素、中国禁毒政策、社会工作者的角色 2. 技能层面：青少年物质滥用的防治技巧
	青少年性教育	1. 认知层面：性教育观念与模式的变迁、中国性教育的现状、全面性教育服务方案设计原则与方法、社会工作者的角色 2. 技能层面：青少年性教育教案设计与教学
	青少年精神健康	1. 认知层面：常见的青少年精神健康问题、识别与评估、社会工作者的角色 2. 技能层面：社交技巧训练、压力调适、青少年个案辅导与团体辅导
	校园欺凌防治	1. 认知层面：校园欺凌问题的主要原因与对策、社会工作者的角色 2. 技能层面：非暴力沟通、青少年团体辅导
评量期 （反思/总结）	1. 儿童虐待防治 2. 青少年物质滥用防治 3. 青少年性教育 4. 青少年精神健康 5. 校园欺凌防治	1. 分组服务后总结 2. 分组报告 3. 个人书面心得报告 4. 课程评价

研究显示，比较有代表性意义的是两个与"青少年社会工作"课程主题相关的服务学习项目，分别是：2019年9月由社工专业本科生小组完成

的"平平无歧、熠熠生辉"性别平等教育服务项目①和2021年10月由MSW研究生小组完成的"Charming Youth"乡村学校青春期性教育项目②。根据有效服务学习教学法的基本原理，每个项目都具体经历了准备期、行动期到评量期这三个阶段。笔者在这些服务学习项目中担任指导教师及督导，全程参与了从最初的服务项目设计、申请经费支持、服务项目实施到项目评估与结题。

从服务学习教学效果来看，选课学生们在项目评估阶段通过成果展示和心得体会分享，表达了自己的获得感和成就感以及对社会工作服务的认同感。譬如，一位社工系本科生在个人书面报告中写道：

> 我没想到在F机构的第一周竟然会收到小j写给我的信件，虽然信件不长，他不能够很好地表达自己，语言上存在着一些障碍，但从字里行间可以看出他的真情实感。在第一周熟悉机构环境的时间中，我曾尝试主动与他和小f聊天，渐渐地他不再惧怕我这个"陌生人"，开始告诉我许多事情。在信中，他也说因为无法用言语很好地表达自己，所以选择以写信方式以拉近我们彼此之间的距离。还记得，我最初去的时候他们都不抬头看我，更不会主动与我讲话，后来两个小朋友都开始愿意与我交流。在与他们的相处中，我更加明白社工的魅力，社工可以带着一份同理心，平等地走进他人的内心世界。

相对于本科生而言，MSW研究生有更好的优势开展服务学习教学法。他们在开展具体服务之前，都有着相对扎实的社会工作理论功底，也或多或少地拥有社会工作专业服务经验。更重要的是，MSW研究生对于提高自身的专业能力有着强烈的愿望，参与服务学习的积极性和主动性特别高。

---

① 该项目由"青少年社会工作"选课学生组成的"嘉你一起"团队主持，受浙江省妇女儿童服务中心第三届妇女儿童公益服务项目经费资助。

② 该项目由"青少年社会工作"选课研究生组成的"Charming Youth"团队主持，受2021年"点亮北斗"金华市社会组织赋能计划儿童关爱保护项目经费资助。

从最近刚刚完成的乡村学校青春期性教育项目来看，我们在准备期开展了针对性教育教师的教案设计工作坊，对于性教育领域的基本知识、前沿观点和价值伦理等进行了充分的沟通交流，为未来进入小学性教育课堂的一线教师（部分 MSW 研究生）提供了充分的支持。项目结束后，有一线社工们在反馈时提道：

> 从备课期间青春期性知识的梳理、到试讲直至最后的实战，让我切实感受到了自身能力的提升。希望今后自己也能够不断成长，能够为孩子们提供更加好的课堂。
>
> 孩子们都十分真诚可爱，积极地配合课程的进行，课堂氛围特别棒！很高兴我能成为他们青春期知识的"传播官"。

（二）服务学习法在"青少年社会工作"课程实践中存在的困难

经过三年左右的倡导和努力，服务学习教学法成为"青少年社会工作"课程教学的主要方法之一。在这个过程中，笔者也发现服务学习教学法在具体实施过程中面临着不少困难，突出地表现在以下两个方面：

第一，缺乏长期合作的社区合作伙伴。大学、社区及其社会服务机构之间的协同合作，是与课程结合的服务学习计划可持续发展的关键。笔者在实践中发现，愿意提供选课学生服务机会的社区服务机构不少，但是真正能够促进选课学生通过服务成长的社区服务机构并不多。比较常见的原因有社区服务机构对选课学生的专业督导力量薄弱，无暇深入指导与及时反馈。

第二，缺乏制度化渠道来保障服务学习课程教学的有序开展。与传统的课堂教学方式相比，服务学习课程教学要求相对而言更高一些，因此教师和学生在投入时间和精力方面更多。由于服务学习尚未有学校相关政策规定的支持，甚至是与原有的教学制度相悖（譬如要求非实务课程必须书面考试），主动选择服务学习教学法的本科生并不多。鉴于此，笔者常常感到心有余而力不足。因此，上述服务学习项目可以视为服务学习教学法本土化的实践探索。

五、小　结

社会工作是一门实践性学科，也是一门将服务视为专业的学科。① 通过上述服务学习理论与实践的讨论，可以看到服务学习教学法在社会工作教育教学创新中的建设性、实践性、反思性特征。服务学习原理并不难理解，真正的难点是在实践中把握服务学习的五大核心要素，遵守有效服务学习的基本原则与过程，认真践行与课程结合的有效服务学习教学方法。

当然，由于国内外大学教育体制机制、社区治理体制、非政府组织发展等诸多方面存在差异，服务学习教学法在我国高校课程教学创新改革的过程中必须进行本土化，这确实对社会工作专业教师提出了更高的要求。如何因地制宜地克服困难，进一步推广和完善服务学习教学法，是每一位致力于服务学习教学创新的专业课程教师都要面对的普遍问题。

---

① 古学斌. 行动研究与社会工作的介入［M］//王思斌. 中国社会工作研究（第十辑）. 北京：社会科学文献出版社；朱健刚. 服务学习：社会工作教育的通识化［J］. 学海，2020（1）：113-118.

"文化自觉"融入"西方社会学理论"教学的实践探索

陈占江

对中国而言，社会学无疑是舶来品。这门诞生于欧洲工业革命和政治革命爆发之际的学科，在康有为、严复等知识分子的大力引介下逐渐成为中国社会科学的重要构成部分。相比于社会学分支学科，西方社会学理论显然处于中心地位。政治社会学、经济社会学、宗教社会学、法律社会学、城市社会学等一切社会学分支学科都必须内在于西方社会学理论方能获得持久的生机和活力。在这个意义上，无论是对于社会学的研究者还是社会学专业的学习者，西方社会学理论都是"登堂入室"的敲门砖。然而，包括社会学在内的所有社会科学知识都绝非社会世界的客观反映，而更多地具有建构性和固化性。即，社会科学知识通过各种制度化安排而渗透和内嵌于各种管制技术和人的身体之中，最终成为我们形塑和建构社会秩序及其制度的当然"理想图景"。① 社会科学所具有的意识形态色彩在很大程度上扭曲着社会世界的真实面貌、支配着人们对美好社会的想象。作为舶来品，西方社会学理论所立基的文化传统和历史经验几乎完全不同于中国的文化传统和历史经验。在教学过程中，如何在中国与西方之间建立对话和连接？如何避免"理论旅行"所造成的文化殖民风险？西方社会

---

① 邓正来．"生存性智慧"与中国发展研究论纲［J］．中国农业大学学报（社会科学版），2010（4）：5-19.

学理论的教学应秉持何种旨趣？这些问题无疑是每一位承担西方社会学理论教学任务的教师必须面对和致力回答的难题。

一、文化自觉：西方社会学理论教学的思想指针

众所周知，西方社会学进入中国高等教育之初带有浓重的移植性。社会学专业教育"始而由外人用外国文字介绍，例证多用外国材料。继而由国人用外国文字讲述，有多讲外国材料者，亦有稍取本国材料者，又继而由国人用本国文字讲述本国材料"①。为反对这种"拿来主义"所造成的文化殖民，另一种主张"在实地调查以前，脑中应只有一张白纸"②。吴文藻认为，无论是前者还是后者都从根本上将西方社会学理论孤立于中国经验之外，为此提出社会学中国化的主张。即，"以试用假设始，以实地证验终。理论符合事实，事实启发理论，必须理论与事实糅和一起，获得一种新综合，而后现实的社会学才能植根于中国土壤之上，又必须有了本此眼光训练出来的独立的科学人材，来进行独立的科学研究，社会学才算彻底的中国化"③。应当说，吴文藻的社会学中国化为西方社会学理论的教学提供了方向。然而，在中国社会学的发展过程中，"西方化"与"中国化"之间的张力始终不同程度地存在。饶有意味的是，这种张力在西方社会学理论的教学实践中较为微弱甚至不存在。

20世纪90年代末，费孝通目睹全球化过程中不同文化之间的矛盾和冲突以及由此带来的生存危机，向学术界发出"文化自觉"的倡议。在他看来，"文化自觉只是指生活在一定文化中的人对其文化有'自知之明'，明白它的来历，形成过程，所具的特色和它发展的趋向，不带任何'文化回归'的意思，不是要'复旧'，同时也不主张'全盘西化'或'全盘他

---

① 吴文藻．论社会学中国化［M］．北京：商务印刷馆，2010：（总序）3.
② 吴文藻．论社会学中国化［M］．北京：商务印刷馆，2010：（总序）3.
③ 吴文藻．论社会学中国化［M］．北京：商务印书馆，2010：4.

化'。自知之明是为了加强对文化转型的自主能力，取得决定适应新环境、新时代时文化选择的自主地位。文化自觉是一个艰巨的过程，首先要认识自己的文化，理解所接触到的多种文化，才有条件在这个已经在形成中的多元文化的世界里确立自己的位置，经过自主的适应，和其他文化一起，取长补短，共同建立一个有共同认可的基本秩序和一套各种文化能和平共处，各舒所长，联手发展的共处守则"① 文化自觉从根本上关系到一个族群乃至整个人类的生存。然而，在当时的语境中，"西方化"与"中国化"存在尖锐的二元对立，这种对立具有浓厚的民族情绪而未能真正深入中西文明的机理把握彼此之间的差异。无论是对西方的认识还是对中国的理解都停留在较为肤浅的层次。

从吴文藻的"社会学中国化"到费孝通的"文化自觉"，如何正确理解中西关系是二者共同的关怀。不言而喻，西方社会学理论根植于西方的文化传统和历史经验，其概念体系、理论框架、价值预设无不带有鲜明的西方色彩。然而，如果不加反思地将西方社会学理论搬到中国课堂很可能会不断强化"西方先进—中国落后"这一文化心理。这一文化心理是西方中心主义的变相复制与再生产，不仅赋予西方文化天然的优越性也赋予西方道路天然的正当性。长期以来，西方中心主义在中国知识界具有强大的影响力表面上是由于西方现代性的先发性和示范性，根本上却是中国知识分子在学术研究、文化传播和教育传承中自觉不自觉地扮演西方文化的"布道者""传声筒"或"复印机"。易言之，西方中心主义的流布与强化是中国知识分子无法走出历史迷障而与西方学术共谋的结果。对于西方社会学理论这门课的教师而言，能否摆脱西方中心主义的文化心理是能否真正实现文化自觉的前提。

从文化自觉的内在要求来看，西方社会学理论的教学必须对西方的历史文化传统有着深刻的认识，且这种认识必须在中国历史文化传统的镜像

---

① 费孝通. 反思·对话·文化自觉 [J]. 北京大学学报（哲学社会科学版），1997（3）：15-22，158.

下形成。孤立地理解西方或理解中国，都无法形成真正的文化自觉。然而，西方的历史文化传统博大精深、源远流长、丰富多样，中国的历史文化传统亦复如是。对这门课的教师而言，无论是理解西方还是理解中国都面临极大的知识考验。现实情况是，相当一部分教师既不理解西方也不理解中国。一方面，毫无反思与批判地接受西方概念或理论框架；另一方面，根据西方的概念或理论评判中国文化、解读中国社会。① 在两种文明体系中艰难徘徊的教师在西方社会学理论的教学实践中所能抵达的目标本身值得深思。正如所有的教学都是一个无尽的征程一样，西方社会学理论的教学效果取决于教师文化自觉的程度。这种程度构成了这门课程的限度。毫无疑问，缺乏应有的文化自觉，西方社会学理论的教学将沦为西方文化殖民的助推器和试验场。

应当看到，西方社会学理论的教学与文化自觉的萌生存在极大的张力。原因在于，社会学的基本定义、理论、方法论、研究传统等绝大多数的学科框架来自西方，尤其是来自欧洲和美国。② 物质与精神、身体与心灵、理论与实践、自然与社会、传统与现代、中国与西方、宏观与微观、个人与社会、主观与客观、主体与客体、行动与结构、国家与社会等一系列二元思维以及由此形成的理论概念、研究方法、问题意识、价值判断、诊断方案在很大程度上形塑甚至支配着我们的思维方式。根植于西方文明传统和历史经验的西方社会学理论与中国文明传统和社会经验存在极大的差异，深刻把握这种差异是实现文化自觉的前提。笔者以为，西方社会学理论的教学应超越二元对立的思维处理经典与经验、传统与现代之间的关系。在正确处理经典与经验、传统与现代之间的关系过程中逐渐培养学生的文化自觉。

---

① 邓正来. 中国社会科学的当下使命 [J]. 社会科学，2008（7）：4-11，189.
② 孙飞宇. 中国社会学的"中"与"西" [J]. 北京大学学报（哲学社会科学版），2017（4）：57-63.

二、取道"两经"：培育学生文化自觉的路径选择

社会的激烈变迁和文化的迅速流变不断扩大生命个体与国族文明之间的鸿沟。今天的大学生热烈拥抱扑面而来的文化时尚而对于在历史中沉淀下来的国族文明却较为陌生。相比于理解文化，理解文明更加需要一种超越时间断裂和空间阻隔的想象力。显然，想象力是文化自觉的内在要求。因此，培养学生的文化自觉需要培植学生的想象力，而想象力的形成离不开深入的经典阅读和细致的经验观察。所谓"经典阅读"主要是指引导学生阅读西方社会学家的代表性论著。这些经典著作不仅提出了理性、权威、合法性、资本、结构、阶级、货币、整合、公共领域、规训社会、风险社会等一系列广为人知的概念，而且构筑了一个个自成一体的理论大厦。在阅读这些经典著作时，不应将目光仅盯在理论概念的具体表述和经验指涉，而且应追问理论概念所立基的文明基础、问题意识、学术脉络和价值关怀。然而，深入理解西方社会学理论不能在"遗忘中国"中进行。理解西方社会学理论的最终目的是理解当下的中国，而真正的西方经典阅读离不开阅读者将鲜活的中国经验带入其中。也可以说，经典阅读与经验观察不能割裂。所谓"经验观察，"是指引导学生尝试运用所学理论与方法进行自己的生活世界或者他者的生活世界，在"望闻问切"中将西方理论引入中国经验。这种"引入"更多的是从西方社会学理论学习中获得思维训练从而运用国经验中提出理论概念，也即吴文藻所提出的社会学中国化路径——"理论符合事实，事实启发理论，必须理论与事实糅和一起，获得一种新综合"①。

在经典阅读与经验观察中逐渐培植起来的想象力是社会个体理解自身处境的心智能力。无论是教师还是学生都要从文明的脉络中理解自身的生存境遇并由此寻找美好生活的现实可能。在这个意义上，西方社会学理论

---

① 吴文藻．论社会学中国化［M］．北京：商务印书馆，2010：（总序）4.

的教学与其说是知识的传授，毋宁说是引导学生在高度理性化的现实社会中更好地安顿自己的身体和心灵。费孝通曾深刻指出，社会学是一门具有科学性和人文性双重品格的学科。长期以来，社会学的科学性及其工具性被过度强化而忽略了人文性这一面向。① 西方社会学理论的教学应挖掘蕴含其间的人文精神，帮助学生更好地理解自我与社会的关系并提升"位育社会"的能力。现代人的生活日益被资本、权力、技术等外部力量系统化地控制而不断丧失自主性。这种丧失与想象力的贫乏存在一定的关联，即，社会个体认为自己唯有不断地迎合制度的要求和社会的期待才能获得生活的意义。显然，这种流行的认识是现代社会为了制造它所需要的"人"而不断强化的结果。因此，西方社会学理论的教学应从"学以成人"这一根本目标出发而不是根据专业培养的课程设计满足于知识的传授和思维的训练。熟悉西方社会学理论的人都知道，无论是古典社会学家还是当代社会学家都在思考社会个体如何在人性与秩序之间寻找平衡方案。马克思对斗争的强调、涂尔干对道德的重视、韦伯对激情的渴望、哈贝马斯对沟通理性的向往、福柯对规训的批判无不指向重建美好生活的必要努力。当我们运用通过经典阅读与经验观察所培养出来的想象力时才会在人性与秩序之间寻找平衡，从而在制度和体制的罅隙中最大限度地追求自己渴望的生活。

正是基于上述认识，笔者在教学过程中比较注重学生经典阅读与经验观察的兴趣激发。学生的兴趣能否有效地激发取决于课堂教学能否将西方社会学理论与学生的生存处境有机地联系起来并引起某种切己的共鸣。毋庸置疑，采取"教师讲、学生听"的传统教学模式抑或形式化地"翻转课堂"不仅无法抵达相应的教学目标而且会导致教与学的高度紧张。然而，改进教学模式不可避免地受到学校制度的拘囿。众所周知，在现有的教学制度中，任何一门课程都被赋予一定的课时量和具体的教学大纲。在一般

① 费孝通. 试谈扩展社会学的传统界限 [J]. 北京大学学报（哲学社会科学版），2003（3）：5-16.

情况下，西方社会学理论教学的方式是选择从学科创立者一路讲下去。其优点在于，通过这门课程的教学让学生对西方社会学理论的发展脉络有一个大体的认识，但不可避免地给人以"浮光掠影"之感。为弥补这一缺憾，教师必须采取多种方法拓展课堂之外的教学。笔者采取了如下办法：一是让学生从《新教伦理与资本主义精神》《自杀论》《社会分工论》等经典著作任选一本精读并完成一篇不少于4000字的读书报告，作为过程性评价的依据；二是选择经典著作的部分章节或代表性论文推荐给学生阅读，课堂上与学生展开讨论，加深学生的理解，如选择涂尔干的《人性的两重性及其社会条件》、齐美尔的《玫瑰———一个社会性假定》、马克思和恩格斯的《共产党宣言》、福柯《规训与惩罚》中的"全景敞视主义"部分，等等；三是组建读书小组，招募有兴趣的同学参与其中，指导学生循序渐进地阅读《新教伦理与资本主义精神》《学术与政治》《自杀论》《社会分工论》《宗教生活的基本形式》《疯癫与文明》《规训与惩罚》《乡土中国》《生育制度》《乡土重建》等经典著作。

为了让学生对西方社会学理论有更为深入的理解，在"城市社会学""环境社会学"等笔者所教的课程中引导学生观察、分析中国经验并尝试对西方理论的效度与限度进行反思。在课程考核上，注重过程性评价。评价的依据是田野调查报告。田野不仅是理论的试金石也是理论的诞生地。由燕京学派开创的"到实地去"研究传统成为社会学中国化和实现文化自觉的重要路径。西学进入中国所引起的知识系统更迭和重构以及现代化与全球化双重驱动所引起的中国巨变，决定了任何经典论述和权威话语都不具有必然的正确性。一方面，田野调查常常让学生产生"理论贫困"的强烈感受，"知不足，然后能自反也；知困，然后能自强也"。另一方面，当学生进入田野时，中国经验与西方理论之间的不契合让其对西方理论的"迷思"产生动摇，文化自觉开始萌生。经过近10年的尝试，学生对西方社会学理论不再感到畏惧，而是对其产生了浓厚兴趣。可以说，西方社会学理论教学不能仅仅止步于课堂而应将之弥散到大学生活以及各种社会学分支学科中。要做到这一点，任课教师需要与其他教师密切合作、深入沟通，将社会学理论渗透到社会学课程教学的各个环节；而且应长期坚持下去，不仅营造重视理论学习的氛围而且让学生深切感到学有所用、学有所成、学以成人。

三、"寻找中国"：培育学生文化自觉的理论旨趣

在西方社会学理论的预设中，传统与现代是一种二元对立的时间关系。这种二元对立为社会进化论和历史目的论提供了合法性叙事空间，并被西方社会学家有意无意地转化为空间上的东西对立。即，西方代表进步和文明而东方代表落后和愚昧。经过工业革命和政治革命所形成的欧洲现代文明被视为落后的东方必须追随和模仿的对象。裹挟着西方中心主义，西方社会学理论进入中国大学课堂。经过一代代的传授，西方社会学理论在一定程度上改变了中国人的思维方式和价值理念。丰厚的中国文明传统不断遭到西方社会学理论的冲击和挑战。在此语境中，文化自觉的实现面临极大的困难。笔者以为，正确理解西方文明和中国文明的共通与歧异需要在传统与现代之间重建历史连续性。此处的"传统"与"现代"分别指西方式传统与现代和中国式传统与现代。西方式传统与现代是在自身文明逻辑中的历史演化，而中国式传统与现代则夹杂着更多的外部因素。相比于西方式传统与现代，中国式传统与现代纠缠于"古今中西之间"。今天的"中国"历经数次激烈的反传统运动，形式上"天翻地覆""开天辟地"，却仍旧无法斩断自有的文明之根。①

在西方冲击下的中国社会文化中，传统与现代相生相克、难解难分。固有的中国文化与外来的异族文化在持续接触的过程中相互吸纳、涵化，不断更新既有的文化传统。中国文化之所以具有持久的生命力在很大程度上是因为秉持"变则通、通则久"的实用理性从而不断完成自身的创造性

① 费孝通. 试谈扩展社会学的传统界限［J］. 北京大学学报（哲学社会科学版），2003（3）：5-16.

转换。在这个意义上，中国文化无法在时间上划出"传统与现代"的清晰界限，而更多地呈现出"变"与"不变"对立统一的实践逻辑。因此，在教授西方社会学理论课程时不能延续西方式传统与现代的二分思维，而应立足中国历史的连续性重新理解当代中国的文明处境。将中国历史视为一个前后相继、生生不息的时间巨流更能够看清楚中国文化的深层结构及其基本特色。否则，我们将深陷西方中心主义或中国中心主义的泥潭而无法自拔。事实表明，在中国自古至今的制度演替以及农业社会、工业社会、信息社会的结构转型中始终延续着中国的历史文化传统。这种"延续"不是体现在器物和制度层面而是内在于中国人的心智结构和思维方式层面，构成了中国的"社会底蕴"。① 深刻把握这一"延续"是理解西方社会学理论的逻辑起点和实现文化自觉的经验基石，但最终旨趣是寻找"丢失的中国"。

众所周知，"反传统"一度成为 20 世纪早期中国思想界的主流。中国与西方之间的文化关系呈现出混融的状态。从文本到文本、从概念到概念、从理论到理论的传统教学模式不仅强化学生对西方社会学理论的"异己感"而且容易放大传统与现代的对立。由于学生不具备相应的知识库存，教师在理念上强调文化自觉的重要性和中国历史的连续性显然无法引起学生的思想共鸣。为了让学生切身意识到中国传统的生命力和坚韧性，笔者主要借助于两种方式：一是将文学带入西方社会学理论课堂，二是撬动学生"日常生活之思"。一般而言，社会学与文学属于两种不同的话语形态：前者将琐碎的、细致的经验抽象化、系统化，而后者将抽象的概念形象化、细节化。二者是对共同世界的不同表达。严肃的文学作品不仅是社会事实的忠实记录而且能够带给读者强烈的"在场感"。选择性地将文学作品带入课堂，可以让学生深切认识到中国历史的"变"与"不变"以及西方文化的中国境遇。20 世纪 80 年代以来，以韩少功、张承志、阿城、

---

① 杨善华，孙飞宇 . "社会底蕴"：田野经验与思考［J］. 社会，2015（1）：74-91.

贾平凹、王安忆等为代表的作家致力于"寻根文学"创作,试图在现实生活中重新打量中国传统文化。将西方社会学理论与"寻根文学"结合起来,有助于增进学生的文化自觉。

一般而言,日常生活是由金钱关系、权力关系和两性关系共同编织的生命实践,个体性与社会性的张力蕴含其间。社会科学的知识生产遵循逻辑性、明确性和普遍性的原则,从既有的社会科学理论理解中国在本质上是从西方思维这一外部视角出发而遮蔽了内在于中国人日常生活的生存性智慧。① 西方社会学理论几乎完全建立在人们的话语意识之上而忽略了人们无法表达的实践意识和无意识。相比于话语意识,实践意识和无意识对于理解中国社会文化更具根本性。日常生活中"只能意会""不言而喻"的部分是文化中最常规、最平常、最平淡无奇的部分,却正是文化中最基本、最一致、最深刻、最核心的部分。"只能意会""不言而喻"的文化深入地融合在人们生活中的每一个细节,制约着个人每时每刻的生活,影响着社会每时每刻的运行。② 在课堂教学时,应引导学生对自己的日常生活经验进行反思,进而从中捕捉历史文化传统以何种形式、在何种程度影响着现代中国人的情感表达、思维结构和行动逻辑。简而言之,通过撬动学生的"日常生活之思",可让其更加深入地理解西方社会学理论及其在解释中国经验时所凸显出来的限度。

四、结　语

中国社会学的发展与中国式现代化的探索几乎经历了同一历史过程。在此过程中,以西方社会学理论为代表的知识体系和话语体系不断形塑着中国人的心智结构和社会生活。随着中国知识界对西方社会科学反思的不

---

① 邓正来."生存性智慧"与中国发展研究论纲 [J]. 中国农业大学学报(社会科学版),2010(4):5-19.

② 费孝通. 试谈扩展社会学的传统界限 [J]. 北京大学学报(哲学社会科学版),2003(3):5-16.

断深入，"理论移植"的知识取向已遭到彻底否定。在普遍性与特殊性、全球性与地方性的关系日趋复杂的时代背景下，西方社会学理论的教学必须以高度的文化自觉展开。这就要求，教师不仅要对西方社会学理论所立足的政治、经济、社会、文化等背景性知识有系统性的理解，而且要将这种理解在中国的文化传统和历史经验中进行对比性阐述。在此过程中，我们应一改"病态阅读西方的习性"，进入西方本身的脉络去理解西方并始终抱持健康的反思性批判精神。① 显然，教授西方社会学理论注定是一项艰难的工作。正是由于艰难，理想与现实之间的距离才使得西方社会学理论的教学充满知识挑战和思想魅力。不必讳言，当前从事西方社会学理论教学的教师相当一部分存在"食洋不化"和"食古不化"的问题。"以其昏昏，使人昭昭"的结果自然是学生对西方社会学理论这门课产生畏难情绪甚至认为"理论无用"。改变这种现状的不二选择就是教师认真从西方社会学理论的源头溯源而下，阅读每一位社会学家的代表性著作甚至是系统性阅读每一位社会学家的所有著作，从而对西方社会学理论有全面的把握和整体的理解。与此同时，教师应深入中国传统文化的历史脉络进行系统阅读。面对这一理想要求，承担西方社会学理论教学的教师应当对自身的知识结构及其限度有一种清晰的认识并通过持久的努力不断完善自己的知识结构。唯其如此，我们方能真正承担西方社会学理论的教学任务，从而实现这门课程的教学旨趣。

---

① 甘阳. 文明·国家·大学（增订本）［M］. 北京：生活·读书·新知三联书店，2018：148.

从独白到对话：大学课堂教学形式的转变

蔡应妹

大学是学生步入社会的桥梁，大学教育的专业性特征决定了其承担着多种职责。对大学学段的学习者而言，不仅需要掌握扎实的专业基础知识，更要注重自身能力的发展。现代高等教育崇尚以学生为中心的理念，追求学生个性化发展，注重培养学生创新精神、实践能力和综合素质。①大学课堂是现代高等教育人才培养的第一阵地，教学活动是大学开展人才培养工作的核心环节和重要基石，以教学活动为载体的教学方式，成为高等教育改革的重点。高校社会科学作为高等教育的一门课程，出现了理论碎片化、现实空洞化、知识无用化等现实问题。随着国家对本科教学和相关课程建设的重视，转变教学方式，成为高等教育领域亟待研究解决的重要课题。

一、独白型教学方式的弊端

尽管当前大学课堂形式完备，教学方法多样，但缺乏语言交流和思想对话。传统的独白型教学形式仍然居于主要地位，高质量的教学并未发生，学生没有真实的受益，大学课堂仍然是有形无魂的空洞课堂，独白型教学的弊端主要体现在以下方面。

---

① 别敦荣. 大学课堂革命的主要任务、重点、难点和突破口 ［J］. 中国高教研究，2019（6）：1-7.

（一）你讲我听的课堂，学生形成消极的学习态度

如今每个教室都安装了多媒体设施，但教学条件设施和教学技术的现代化并没有带来教育的现代化，课堂中的多媒体只发挥了 PPT 演示功能。始终不变的 PPT 随处可见，教师照本宣科地念课件或者读教材，导致整个课堂索然无味，学生提不起学习的兴趣，求知欲低下。教师主导着整体的教学活动和教学进程，用已有的知识来"填充"学生的头脑，"灌输"成为常态，整个教学过程，完全没有需要学生参与的环节。学生被动地配合教学活动和教学进程，他们的主要任务是倾听和储存。为此，学生注意力很难集中，容易产生疲惫厌倦和置身事外的心理状态，敷衍也就不可避免。教师教得很辛苦，学生学得很无趣，有的学生根本不去上课，有的是被辅导员"揪"去上课，而那些坐在班级里的学生有的也只是为了期末不挂科，教学效果堪忧。出现这种现象的原因不单单是学生自身的态度问题，更是教师教学方式的问题。教师认为学生应该改变学习态度，积极主动地学习。学生则认为教师应该采用新的教学方式，营造有趣的课堂。这种没有自身责任意识的想法对于课堂教学方式的转变是非常不利的。

（二）学生缺乏课堂获得感，思维缺乏训练

随着媒体时代的到来，知识的获得方式发生了多样的变化，媒介作为传播手段，正在改变文化的传播形式和人们的记忆形式。网络为大学生提供了充足的自由空间，这一虚拟空间已成为大学生学习生活的主要场所。课堂上，很多学生只带一部手机，即使教师采取各种管理措施都无法控制手机在课堂中使用的蔓延趋势。学生在上课期间，低头刷手机成为常态，不做笔记，不动脑思考，偶尔抬头是为了拍教学课件。在全媒介社会以前，大学对于真理、知识、学术的追求，都是师生思考、探讨的结果。而现在，很多问题学生不愿意调动自己的已有知识和经验动脑思考，取而代之的是拿出手机进行搜索，之后课堂上的知识也如过眼云烟。在这样的情况下，独白教学已不能满足原来大学所谓独立的空间和学术的反思。新时

代的大学生，享受着时代的美好，但因此也缺乏动力，教学方式必须做出改变，才能增强学生解决问题的能力。

在社会思潮多元化的时代，当代大学生喜欢追求新潮和时尚，价值取向个性化，也出现了强烈的多元化和个人本位化特征。受家庭和社会成长环境的影响，学生开放程度高，积极活泼、乐于交往。若独白教学课堂单一，教学形式陈旧，课堂氛围不活跃，他们的个性化价值取向在长期的知识传授中将被销蚀殆尽，这样的教学方式不利于学生的个性化发展。教师一个人的"满堂灌"，削减了学生在课堂上与同学和老师交流的机会，剥夺了学生探讨问题和讨论问题的权力，学生灵动的性格被压抑，这样枯燥的教学方式不符合当代大学生的心理发展水平，不利于学生的身心发展。总的来说，独白教学不利于培养学生的创新能力和个性化发展，不利于学生的成长。

(三) 强化教师的强势地位，造成师生关系的疏远

在独白的教学文化中，教师讲、学生听成为课堂教学的基本模式，课堂成了教师"独白"的舞台，师生关系不是一种平等的关系，而是教授与接受、命令和服从的关系。在独白型教学中，教师是真理的掌握者、知识的传授者、教学任务的完成者，学生只是知识的接受者，师生关系成为片面的知识授受关系，师生交往成为以教师自我为中心的片面交往。然而教书育人，最重要的不是居高临下的教育对方，而是启发对方、引导对方。这样你讲我听的教学方式，使教师和学生在课堂上没有交流，使原本生机勃勃的课堂学习变成被动和令人乏味的过程。强势的教学地位，拉远了师生之间的距离，让学生对教师敬而远之，教师也不愿意在学生中久待。这样的恶性循环造成师生之间情感冷漠，阻碍师生积极对话与有效互动，最终使教学失去灵魂和活力，极大降低了教学的有效性。

(四) 只重视知识教学，造成知识与价值的背离

新课程的核心理念是"以人为本，以学生的发展为本"，即：引导学

生掌握学习方法，让学生学会自主、探究、合作学习，鼓励学生开拓创新思维，唤醒学生内在潜力，帮助体现自身价值成为教师义不容辞的职责。而独白型教学是以教科书、知识为中心的。由于知识的激增以及提供信息的途径多元化，教科书已经不是学生获取知识的唯一渠道甚至已不是主要渠道。学生的学习过程是从掌握知识到灵活运用的过程，从掌握知识到创造知识再到超越知识，进而获得情感、意志、思想、价值诸方面尽可能全面的发展。独白型教学忽视教育的最高目标和课程内容的价值魅力。学生只学到了间接的结论性的知识，只是把这些知识存储起来，以备考试之需，对于学习这些知识的价值，他们没有思考。教师是知识的占有者，学生学习到的知识，只是书本上的内容以及教师自身的个人体验，与教师达成的统一，实际上是被控制的共识。学生并没有真正体悟学习因"会学"和"爱学"得以存在的内在价值意蕴。

二、教学方式的转型势在必然

时代的转型带来知识的转型，知识的转型导致教育的改革，教育的改革必将对课堂提出新的要求。《中华人民共和国高等教育法》指出："高等教育的任务是培养具有创新精神和实践能力的高级专门人才，发展科学技术文化，促进社会主义现代化建设。"国家和未来社会对创新人才的要求从知识传授转向创新能力培养。新时代赋予学校和教师的责任是铸魂育人，培育德智体美劳全面发展、能担当民族复兴大任的"时代新人"。

（一）信息化时代，要求学生具有明辨是非的能力和独立思考的能力

信息化时代的到来，媒体产品成为社会发展和人们生活中不可缺少的重要组成部分。人们通过口袋中的手机即可链接到整个世界，这在给人们的生活带来极大便利的同时，也带来了一些新情况、新挑战。由于大量网

络资源和媒介产品缺乏相应的市场管理和监督，使得一些不良信息随处弥漫，对学生的身心造成严重消极影响。一些大学生日常娱乐软件，经常出现很多具有价值冲突、封建腐朽、反动思想的内容，大量的虚假信息会让学生对所学知识的真实性存疑，对学生思想产生错误影响，导致学生形成错误的价值观。大学是学生价值观形成和接受主流意识形态的主阵地，多元化的价值观冲突，需要学生具有辨别是非的能力。以抖音、快手为代表的短视频媒体，使人们养成了"快餐式"的浏览习惯。从浏览短视频到面对大量的课程内容，学生失去耐心，对于文本的仔细阅读和思考很难投入。随着时代的发展，"独白型"教学形式的弊端和缺点日益显现，大学课堂要想适应新发展，必须积极打破传统教学方式。

（二）新时代背景下，培养创新型人才是我国高等教育的重要职责

习近平总书记在两院院士大会上指出，科技创新成为国家战略博弈的主战场，世界各国之间的竞争归根结底是以科技和经济为基础的综合国力的竞争。创新从来没有像今天这样深刻影响着国家的前途命运和人民的生活福祉，科技创新能力在各国综合国力竞争中的决定性作用日益显现。创新能力是高素质人才的重要标志，也是我们面向21世纪提高大学生培养质量的十分重要的方面。大学的主旋律是育人，课内教学和课外活动是实现高校育人的两大途径。目前高校的课堂教学和课外实践，难以培养出真正具有创新思维、创新精神、创新意识和创新能力的人才。长期以来高校的课外活动往往选择学术讲座和专题报告的形式，虽然拓宽了学生的知识面，但是理论性太强，属于填鸭式灌输，学生很少有机会开动脑筋，不能提升学生的创新实践能力。创新的目的不是发现，而是对问题的思考和价值的再生产，创新的关键在于发挥人的主观能动性。在课堂教学中，教师独白型教学无法触发学生对问题的思考，教师一味地赶进度教学，为完成整个教学过程，压制了学生的批判精神，学生不能破旧立新，学到的知识只是教师对课堂内容的理解和转述。培养适应现代社会发展的创新型人

才，必须对课堂教学方式做出变革。

三、对话型教学方式的倡导与实施

如今采用对话型教学方式也是有迹可循、有据可依的。从历史发展的角度来看，对话教学最早可追溯到古希腊时代，即"苏格拉底的方法"。苏格拉底并不是直接传授知识，而是在对话的过程激发对话者自己的思考和对学习探索的热情，从而得到问题的答案。到了近代，对话概念由俄国文艺理论家巴赫金提出，他认为对话交际才是语言生命真正所在之处。他认为：生活的本质是对话，思想的本质是对话，艺术的本质是对话，语言的本质也是对话，通过对话的思考来探讨人的本质和人的存在方式。"对话论"的一个起点就是"对话"与"独白"之对立。这一对立，缘起于巴赫金对人文科学与自然科学这两种知识形态在认知路径上的区分。① 如今，所谓"对话型"教学形式，就是指教师和学生作为教学过程中的双主体，双方不断创设有意义的对话和交流情境，通过对话激发思维，进行深度互动和交流，在不断探究中解决教学中的重难点问题，直至最终达成共识，达到教学的目的，解决学习障碍。在教师和学生的对话过程中，由于双方经验、知识背景、思维等因素的不同，双方主体在教和学的过程中对同一问题产生不同的看法，从而导致对话的发生。由于教育制度和长期的教育习惯思维的限制，教学方式的转型不是一朝一夕就能完成的事情。要满足时代变迁和创新能力培养对教学方式提出的新要求，必须对教学方式变革的基本问题做出明释。

（一）基于对话教学的师生关系应该是相互依存、合作共生、共同推进的关系

教师和学生应该是合作共生的，我们常说尊师重道，学生在教师尊重

---

① 周启超.巴赫金"对话论"再释 ［J］.浙江社会科学，2021（9）：122-129，159-160.

的同时，也渴求教师的关爱和尊重。师生之间的共生性既不是对"中心式"师生关系的简单否定，更不是对"平衡式"师生关系的原路返回，而是在吸收两种师生关系模式合理性基础上共筑相处、相伴、相依、互相成就的共生新质的共长状态。① 教师要关心、爱护每一个学生，在日常生活中拉近与学生之间的距离；学生感觉到老师平易近人，在课堂上才会与教师相处融洽，在此基础上建立对老师的信任和理解，对于教师的授课才能心悦诚服地接受。社会科学课面对的是正处在世界观、人生观、价值观最终形成重要阶段的大学生，大家所表达的观点必定是多样化的。教师要做到不讽刺挖苦、歧视学生，鼓励差异，注重引导、平等、公正对待每一个学生，对勇于回答和回答正确的学生给予表扬，对回答错误的学生给予鼓励，对于那些胆小羞怯、反应不是很积极的学生，尤其需要注意，通过真诚的对话将学生的认识引导到正确的轨道上来。

（二）对话的话题要有质量、展得开、论得出

理论研究的不完善、不彻底往往给教学实践造成新的弊端。不少教师是在教学方法、形式、模式的层面上来理解教学改革的，即用提问题的方式来实现学生主体，让学生参与课堂教学，改变以往的"一言堂""满堂灌""注入式"的教学状态，这些也确实给沉默僵硬的课堂带来一些生机和活力，但对话不等于师生随意聊天。对话除了要依据学生的认知规律和文化水平来进行，还要有适宜的难度，要具有可讨论的性质。话题难点步步推进，使课堂有某种梯度或者坡度，给学生心理或思想以必要的障碍、必要的难度可以拓展学生的疲乏思维。话题能够引起学生和教师的深度探讨，双方从想法的矛盾到同一，达到知识和思想的共识，这才真正算达到了教学效果。对话的话题还要能论出明确的答案，即使是开放性的话题，如果是不需要讨论的、观点也不明确的话题那就没有可对话的意义。对话

---

① 艾诗根. 走出轮回：共生环境下的师生关系 [J]. 教育科学, 2017, 33 (5): 57-63.

的话题要以生活实际为依据，以学科知识为支撑，结合时事热点，以提升学生学习社会科学价值的能力。社会科学本身就具有理论性较强的特点，话题选择得当，就能够激发学生的学习兴趣，有效调动学生将已有知识与教学内容相结合。

(三) 对话要真正具有引导性和启发性

孔子主张的"不愤不启，不悱不发"生动地阐述了学习发生的关键点。学生如果不经过思考并有所体会，就不去开导他，如果不是经过冥思苦想而得出结论，就不去启发他。这样的启发式引导即便会使学生感到学习有苦难，但能增强其解决的信心，从而激发学生的学习积极性，培养学生的独立思考能力。在不少教师看来，改革灌输式教学就是提出问题让学生发言、让学生活跃起来，这种方式被称为"学生主体"方式。与此相对的是，教师尽量少说少讲，或者不说不讲，这种方式则被称为"教师引导"方式。若在课堂上出现大量的不计效果的问答、讨论，将导致课堂混乱。问答和发言从表面上看是教师循循善诱的结果，但实质上是教师在一定程度上掌握话语控制权的产物。这种方式被称为"新教学模式"，貌似启发式、引导式的独白，但实际上这样的教学只是浮于表面的"学生主体"，实则扭曲了"学生主体、教师引导"的真正内涵。

(四) 要实现教材由"学习目的"到"发展平台"的转变

教科书是实现教育目标的重要内容载体，对于教材的拿捏程度是教师开展教学首先应具备的条件。现实中片面追求忠实取向课程实施对一部分教师来说是存在的，这样的课程实施往往造成教学过程生成性不足，教师对教材的研发不充分，难以根据教材创造性实施教学。教材分析要从实践的、活动的视角来把握教科书的本性。根据我国研究的相关论述，当前教科书研究以静态文本分析为主，将文本实体呈现做为核心研究内容，主流研究方法为内容分析法。这种分析模式忽视了教科书的生成性，具有封闭性、简单性、静止性等特征，弱化了教科书的互动性，忽视了师生之间的互动关系。① 教学目标对教学的指导必须以进入课程的内容为起始。教师应该加大对教材内容的研究力度，不只是教给学生客观知识。教师是为学生学会学习而传授知识，使学生掌握运用知识自主解决问题的能力。因此教师在对教材的分析上，要把握思维转向，学会走进教材、读懂教材，要从学生的全面发展出发，发掘具有实践性和活动性的对话。教师需要再走出教材，读懂学生，借用情境创设，合理地对教材进行创造性转化，发挥其教化功能。只有将学生置于真实的科学实践课题中，他们才能理解科学实践中所表现出的"一种观点如何取代另一种观点""哪些证据支持或反驳某个观点""科学家群体如何对话、磋商与辩论""科学结果如何影响个人、社会和政治的决策"以及"科学与社会、技术以及政治的关系"等特征。②

（五）实现评价的多元化和以促进学生发展为目的

教学评价起着诊断和反馈教学效果，调节教学活动，激励学生学习的作用。教学评价既是对于教学效果的评价，也是对于学习效果的评价，开展多元化的评价模式是实施对话教学的重要一环。评价中要突出学生的主体地位，要有学生的自评和学习小组的互评，以及学生对教师、教学模式、教学内容、教学过程的组织协调能力，教师对学生的人文关怀，课后学习的追踪情况等的评价。教学评价应成为学生学会反思、发现自我、欣赏别人的过程。同时，它也能够帮助教师在学生的评价结果中了解自己，调整教学，提升工作积极性和创造性。教师在充分考虑学生自评和小组评议的基础上，对学生的学习进行分层、分阶段的多方面评价，在继续将考试作为重要评价方式的同时，还要进行综合素质和自身能力发展评价等，包括评价学生的学习行为、学习品质、学习效果、团结意识、合作与创新

① 李长吉，李志朋. 从静态文本到动态过程：教科书研究的未来走向 ［J］. 课程·教材·教法，2021，41（8）：45-50.

② 万东升，魏冰. 以当代科学实践为情境的科学教学模式初探 ［J］. 课程·教材·教法，2016，36（12）：85-90.

精神、学生的课堂学习兴趣、参与度、是否具有批判精神等。要注重考评学生理解和运用知识的真实能力，如可以用撰写小论文、调查报告、热点追踪、研究性课题等进行多元化评价，以满足学生发展的需要。

综上，大学课堂教学形式应适应时代发展的总体精神和以素质教育为主题的课堂教学改革的重要趋势，在相互尊重、合作共生的理念下建立"对话"型教学形式，改变传统的"独白"型教学形式，使师生双方在真诚的对话中达到精神层面的交流，形成"协商性的共识"；要从教学方式、课程内容、实施和评价层面提升学生获得感，使大学课堂成为学生真心喜爱和发展思维的有"生命"的课堂。

论文写作课程中研究性学习模式的建构与实践

——一项教学改革的探索与反思

方亚琴

一、从"痛点"出发

指导本科生撰写学位论文是高校专业教师的一项重要教学任务，然而无论是教师还是学生，都觉得指导和撰写论文的过程充满着痛苦的体验。学生的苦恼在于"不会写"——对于"写什么"和"怎么写"充满迷茫与困惑，于是期待指导教师能以"简单粗暴"的方式进行"拨云见日"——能够直接指定论文选题并给定论文框架，而自己则像蹒跚学步的孩子，由教师牵着、扶着亦步亦趋地前行。教师的苦恼在于很多时候指导学生撰写和修改论文都不如自己写一篇来得更容易，指导学生完成一篇学位论文所费的心血不亚于完成一门新课的讲授，甚至有的教师为了学生的学位论文能够最终通过答辩和评审，不惜逐字逐句地帮学生修改论文。

为何学位论文的写作与指导如此痛苦？学位论文属于学术论文，而学术论文有其自身的特点、写作要求与评价标准。何谓学术论文？学术论文，亦称学术性论著，是在对某一学科领域中的问题进行探讨、研究的基础上表述科学研究成果的文章。① 简而言之，学术论文是对科学研究成果

① 周淑敏，周靖. 学术论文写作［M］. 北京：清华大学出版社，2018：1-2.

的一种描述与反映，是科研活动也即知识生产过程的一个重要环节。研究工作是学术论文写作的基础，即缺乏新发现的研究工作，将不可能写出好的论文。正因为学术论文的撰写是科学研究过程或科学研究的延续，原创性、学术性和科学性从而成为学界判断学术论文质量统一的和普适的评价标准。① 可见，学术论文的撰写不仅需要扎实的专业知识、清晰的语言表达与严密的逻辑思维，还需要一定的研究能力与创新能力。也正是因为不同于或者说高于一般写作的要求，学位论文的写作对于本科生而言是一项具有挑战性的任务，甚至整个过程充满着"痛苦"的体验。

基于学术论文的写作特点与评价标准，以及笔者所观察到的本科生在学位论文写作中的实际问题，笔者将本科生的学术论文写作困境概括为以下三种：(1)表达困境，表现为语言表达缺乏必要的准确性、清晰性与条理性，以及无法运用专业性语言表述论点；(2)思维困境，表现为欠缺运用科学合理的论据对自己提出的论点加以充分论证的能力；(3)研究困境，表现为缺乏提出真实的研究问题的能力，或者不能选择恰当的方法对研究问题展开调研从而得出科学的结论。其中，研究困境是最深层次的困境，也是让学生在学术论文写作中产生痛苦体验的根本原因。相比较而言，语言表达能力与逻辑思维能力在现有的教学模式中得到较多的关注和锻炼，而研究能力和创新能力的培养是一项系统工程，虽然它已经成为高校人才培养目标体系中的重要构成部分，但现有的课程教学注重的依然是专业知识的传递，教学模式改革的核心议题仍然是如何提高课堂教学中知识递送和接受的效率，研究能力和创新能力的这一人才培养目标总是游走于教学的边缘，停留于形而上的层面，而难以落实于形而下的教学实践环节。

论文写作课程是社会工作专业本科生的一门选修课程，旨在提高学生的学术论文写作能力，破解学生在论文写作中的困境以及由此产生的痛苦体验。因此，如何在课堂教学过程中实现知识向能力的转化，如何提高学

---

① 周义程. 社会科学类学术论文：评价标准、写作步骤及要领 [J]. 社会科学管理与评论，2013（4）：32-42.

生的逻辑思维能力，如何形成问题意识和研究能力，成为摆在论文写作课程教学面前亟待解决的现实问题。

二、建构主义学习理论对传统教学模式的反思

教学理念的更新是教学模式改革的先决条件，没有先行的教学理念更新，教学模式的改革无非是新瓶装旧酒，难以取得实质性的成效。人们对知识和学习的不同看法是隐藏在学习和教学理念后面的基础，制约和影响着人们对学习和教学的认识。① 学习理论的发展推动着教学理念的不断更新，而建构主义学习理论作为一种新的学习理论，为我们提供了反思传统教学模式的理论武器，并对教学模式的创新提供了理论启示。

建构主义学习理论认为知识具有建构性，知识是主体与客体相互作用的结果。学习在本质上是学习者主动建构知识过程，是学习者的新、旧知识经验之间反复的、双向的作用过程。学习的目标不再是知识传输，而是知识建构。建构主义学习论强调学习者的能动性和主体性，以及学习者的深度学习。所谓深度学习，是指这样一种学习模式：学习者在理解的基础上，将新的思想和事实融入原有的认知结构，在众多知识之间建立联系，将已有的知识迁移到新的情境中，做出决策和解决问题。深度学习强调对知识的理解以及知识迁移与运用②，有助于提高学习者的问题解决能力。

根据建构主义学习理论的知识观和学习观，论文写作课程应该按照深度学习的要求进行教学模式的设计。这是因为论文写作课程包括以下三个学习目标：第一，认知目标，即通过教学使学生熟悉和掌握学术论文的一般性特征以及学术论文写作的步骤、要求和学术规范。第二，能力目标，即提高学生的语言表达能力和逻辑思维能力，形成初步的研究能力。第三，情感目标，即通过能力的培养与提高，帮助学生克服对论文写作的恐

---

① 屈林岩. 学习理论的发展与学习创新［J］. 高等教育研究，2008（1）：70-78.

② Marton F，Saljo R. On Qualitative Difference inLearning：Outcome and Process［J］. British Journal of Educational Psychology，1976，（46）：4-11.

惧与排斥心理，对科学研究产生的一定兴趣，初步形成问题意识。多层次的课程目标，要求课程教学模式能够实现知识向能力的转化，并使学生产生积极的情感体验。然而，知识如何转化成为能力？真正在创造性思维形成中起决定性作用的因素不是知识经验的数量，而是对知识理解的深度以及知识经验的组织方式。① 当学习者对知识形成了深层的理解，在知识经验之间建立了丰富的联系，并且能够将获得的知识进行广泛灵活的迁移应用时，学习者的知识技能也就转化成能力。② 换言之，创新能力、解决问题的能力是从高级知识转化而来的，而高级知识唯有通过深度学习方式方能获得。因此，论文写作课程要求学生的学习方式要从浅层学习进阶到深度学习。而以往以讲授为核心的课堂教学模式中注重对学术论文的特点、写作要求、写作步骤、写作技巧以及学术规范等相关知识的传输，学生在这一模式中的学习方式主要是浅层学习，所获得的是一种初级知识，以记忆和理解知识为主要学习目标。浅层学习能够实现认知性的课程目标，但难以实现能力与情感认知目标，更无法满足现代社会对人才的创新能力、研究能力的要求。因此，在建构主义学习理论的启发和指导下，笔者尝试探索与设计适合学生深度学习的课堂教学模式。

三、研究性学习模式的建构：自主、协同与探究

课程目标确定了课程的基本价值取向，引导着教学内容设计、教学行为与学习活动以及教学评价。反之，课程教学模式的合理程度在很大程度上决定着课程目标的实现程度。③ 为了实现课程目标，促进学生对论文写作相关知识的深度理解并转化为写作能力，笔者在多年教学实践的基础

① 李松林，杨爽．国外深度学习研究评析［J］．比较教育研究，2020（5）：83-89.
② 屈林岩．学习理论的发展与学习创新［J］．高等教育研究，2008（1）：70-78.
③ 吴凡．我国研究型大学课程目标与课程评价问题研究——基于"985工程"高校大学生学习经验调查［J］．中国高教研究，2017（10）：98-102.

上，借鉴建构主义学习理论，尝试运用研究性学习模式重构论文写作课程的教学模式。该教学模式将自主探究、合作学习和情境学习融为一体，以促进学生的知识建构以及知识的迁移与运用。

（一）自主探究

自主探究强调激发学习者的深层动机，鼓励与引导学生根据自己的兴趣选择问题加以探究，以自身已有的知识经验作为新知识的生长点，实现从被动学习相自主学习的转变。

被动性是传统的教学模式屡被诟病的特征，被动性表现为学习动力来源的被动性和学习过程的被动性。动力来源的被动性是指学生学习的动力在很大程度上来自教师布置的任务以及考试的压力，即任务驱动型或压力驱动型学习，外在驱动如不能转化为自我要求，则其对学生学习的推动作用难以持续，并且学生往往以策略性行动加以应付。学习过程的被动性主要表现为学生往往被视为知识的接受者，学习的目标是增加新的知识，扩大知识容量，而忽视知识之间的关联以及知识的迁移运用。建构主义学习理论强调知识的建构性，即强调学习者的主动性和自主性在学习过程中的重要作用。学习是学习者抱着好奇心寻找他们自己的理解和领悟的过程，学习者会通过询问他们自己的知识以及通过新的发现来寻找意义。可见，学习的主动性指学生的学习动力主要来自内部的自我驱动，是自我赋予学习以意义。建构主义的学习观还强调学习者的自主性，即学习者享有知识鉴别与选择、质疑与批判、探究与建构的权利，建构个人知识既是学习者享有的权利，还是学习者应该承担的责任。而探究性学习是知识建构的重要方式，探究性学习是指学习者运用已有的知识经验去解决自己所提出或所面临问题的过程。在探究的过程中，学习者能对已有的知识加深理解，获得新知，并在新知与旧知之间建立关联。

自主探究在论文写作课程中的实现方式就是由学生自己提出研究问题，运用已有的专业知识和研究方法对知识进行调研并得出结论。教师在其中扮演的角色不再是"知识的授予者"和"灌输者"，而是学生建构知识过程的帮助者、促进者、组织者和引导者。教师的责任是在整个教育体系与教育对象之间发挥重要的"中介"作用。①

（二）协同学习

协同学习是指在论文写作的学习过程中注重师生之间、生生之间的交流与合作，构建一个学习共同体，在知识和思维上互相启发，在心理上互相支持。

建构主义强调知识和学习的社会性，知识的获取、转换与建构并不是在个体思维内部独立完成的，是学习者在一定的情景或者文化背景下，通过个人与社会之间的互动而逐步构建起来的。学习是知识的社会协商过程，因此，学习过程也是一个社会互动的过程。② 传统教学模式也认识到社会互动在学习中的重要作用和意义，但学习中的社会互动被狭隘地理解为师生之间的互动，互动形式主要采用"教师讲学生听""教师问学生答"的形式。在这种互动形式中，教师处于主导地位，学生则属于配角。建构主义学习论强调的社会互动，包括师生互动、生生互动以及师生与课堂以外的同辈群体、专家、实践工作者乃至更广泛的社区互动。

在论文写作课程中，协同学习包括两个层面：一是师生之间的协同。教师根据学生在学术论文撰写中的困境和实际需求组织讲授内容，学生运用已有的知识和课堂讲授中获得新知进行研究，教师的讲授、指导与学生的学习和探究之间形成一种回应性强的闭环。二是学生之间的协同。具有共同或相似研究兴趣的学生组建成"研究小组"，共同协商研究选题、搜集整理文献、设计研究方案、开展调研并撰写研究成果。

（三）情境学习

情境学习是指将概括化的知识与一定的真实性任务情境联系起来，让

---

① 杨维东，贾南. 建构主义学习理论述评［J］. 理论导刊，2011（5）：77-80.
② 黄明东，黄炳超，阿里木·买提热依木. 建构主义视角下高校"三位一体"协同教学模式的重构［J］. 教育理论与实践，2021（12）：43-47.

学习者解决情境性问题和参与情境性活动，真正建构起对学习者更有意义、更能够迁移的灵活应用的知识，并促进知识向综合能力的转化。

建构主义学习理论强调知识的情境性，他们认为知识是在个体和环境的互动中交互构建的，知识产生于具体的情境，并且知识的运用和迁移也是回到另一种具体的情境中。因此，情境是一切认知活动的基础。传统的教学模式为学生提供的是一种"去情境"的学习模式，学习的核心内容是概括化的知识。学生被期待能够以脱离情境方式学习、理解概括化的知识，并且能够将所习得的概括化知识迁移到各种具体情境中。知识获取方法对情境和认知之间相互依赖性的忽视构成了传统教学模式在学习效果上的困境：理论与实践之间的脱节，学生难以将其所获得的概括化知识用于解决现实世界中的真实问题。

在课程论文写作中，笔者为学生创设了真实性的任务情境，即课题研究的情境——建立研究小组，提出并完成一个具体问题的研究。在这一情境中，学生将概括化知识的学习与具体的研究实践相结合，在实践中完成对知识的理解、运用并建构新的知识。

四、研究性学习模式在论文写作课程中的实践

以浙江师范大学为例，论文写作是该校社会工作专业本科生的选修课，2 学分，每周 2 学时，课程持续 17 周，共 34 学时，课程安排在第 6 学期（学生已基本完成专业基础课和研究方法课程的学习）。学生选修这门课程的目的是为即将到来的学位论文撰写做准备。

（一）研究性学习模式的实施步骤

研究性学习模式的实践过程表现为对传统教学环节的重构。自主探究、小组合作与交流以及情境性任务的开展意味着要将更多的课堂时间留给学生，为此笔者对课程的讲授内容进行了筛选与调整——在浓缩讲授内容的同时把部分理论知识的讲解穿插在情境性任务的实践过程，这样既最

大限度地缩减了教师的讲授时间（教师的讲授时间不超过课堂时间的1/2），保证了学生交流、合作以及教师回应性指导的时间，同时增强了知识与情境之间的关联度。

与此同时，笔者将整个学期的教学划分为四个阶段，每一个阶段设置不同的教学目标与教学任务。更重要的是，强化每一阶段中"教"与"学"的同步性与交互性，注重教师的活动与学生的活动之间的互相嵌入——学生在教师的引导与指导下进行自主探究与小组合作，而教师的讲授和指导是对学生的知识需求和实践问题的回应。

1. 准备阶段（第1周）

该阶段的中心任务是让学生了解研究性学习教学模式的特点，确立学习的主体意识，创设研究情境。

（1）教师活动：通过讲授的方式向学生明确课程的教学目标、教学方式、分组要求、过程性评价标准、期末评价标准，并创设研究情境。

（2）学生活动：根据探究兴趣建立课题研究小组，每组4~6人，并确定小组长即项目负责人。为了确保以研究兴趣为分组原则，要求每位学生在第一次课堂上提出三个自己感兴趣的现象或想探究的问题，然后根据研究兴趣的组内一致性与组间异质性原则进行分组。

2. 研读阶段（第2~8周）

该阶段的核心任务是指导每个研究小组根据共同的研究兴趣讨论、确定研究选题，并围绕研究选题阅读与梳理文献。

（1）教师活动：讲授第1~3章内容，即研究过程、研究选题、文献阅读与梳理。

（2）研究小组活动：在教师的指导下讨论与确定研究主题，共同搜集文献，小组成员在完成个体阅读与读书笔记的基础上进行组内交流与文献梳理，最终以小组为单位进行课堂汇报。

3. 探究阶段（第9~16周）

该阶段的核心任务是各个研究小组在教师的指导下围绕研究问题开展调查与研究的实践活动。

（1）教师活动：讲授第4~7章内容，即提出问题、研究方案（开题报告）、布局谋篇、修辞自觉与学术规范。

（2）研究小组活动：在教师的指导下讨论并确定研究问题，共同设计研究方案，小组合作调研并撰写研究成果。

4. 反思性总结（第17周）

该阶段的核心任务是每个研究小组汇报研究成果，并对整个研究过程进行总结，教师对每个研究小组以及每个学生的学习成效进行评价。

（1）教师活动：阅读、批改、点评每个小组的研究成果。

（2）研究小组活动：成果汇报、小组总结。

表1直观、清晰地呈现了整个学期的教学过程以及教师的讲授和指导与学生探究之间的交互性。从该表中也可以看出，教师与学生形成了一个学习共同体：作为学习的主体，学生在具体的研究情境中学习并运用理论知识，小组成员在探究活动中形成了频繁且持续的互动与合作；教师扮演的是引导者与指导者，引导学生发挥学习的自主性，指导其研究实践的有序展开，并及时回应学生在研究实践中的需求与问题。这一教学模式正是对社会学家费孝通先生所说的"从实求知"原则的具体践行。

表1　　　　　研究性学习模式在论文写作课程中的实践步骤

教学过程	时间安排	教 师 活 动	小组探究活动
准备阶段	第1周	明确课程的教学目标、教学方式、分组要求、过程性评价标准、期末评价要求	根据探究的兴趣分组 确定小组长 初步确定选题方向

续表

教学过程	时间安排	教 师 活 动	小组探究活动
研读阶段 （共7周）	第2周	讲授第1章"研究过程"	根据选题方向搜集、阅读文献
	第3周	讲授第2章"研究选题的确定" 组织与指导小组讨论研究选题	小组内讨论研究主题
	第4周	对每个小组的选题进行点评 讲授第3章"文献阅读与梳理"	确定研究主题
	第5~6周	指导每个小组文献搜集与阅读文献、写读书笔记	小组搜集与研究主题相关的文献 个体阅读并撰写读书笔记
	第7周	指导每个小组撰写文献综述	小组合作撰写文献综述
	第8周	点评每个小组的文献综述	文献综述的课堂汇报
研究阶段 （共8周）	第9周	讲授第4章"研究问题的提出" 组织与指导小组讨论研究问题	小组讨论并提出一个具体的研究问题
	第10周	对每个小组的研究问题进行点评 讲授第5章"研究方案与开题报告"	小组合作设计研究方案
	第11~12周	教师对小组的调研进行指导	小组合作调研
	第13周	指导小组对调研资料进行整理与分析 讲授第6章"布局谋篇"	小组合作整理与分析调研资料
	第14周	指导每个小组梳理论证思路 讲授第7章"写作规范"	小组讨论论文的论证思路
	第15~16周	解答学生在撰写研究成果中的问题	小组合作撰写调研报告/小论文
反思性总结	第17周	点评每个小组的研究成果	成果汇报与小组总结

（二）学习成效的评价方式

考核与评价方式对于学生学习而言犹如一根"指挥棒"，在很大程度上形塑着学生学习的积极性与学习方式，合理的评价方式能够对学生的学习产生正向激励作用。传统教学模式注重结果导向的评价方式，并且以考试作为主要的考核方法。这种评价方式的优点在于标准明确，有利于教师对学生的学习成效进行客观的评价，并且操作相对简单。但由于忽视对学生学习的过程性评价或者过程性评价所占的比重过低，对学生的课堂参与激励不足。学生在教学中更倾向于将自己定位为"知识的容器"，将认真听讲作为评判自己学习态度最重要的标准，而且对于考试还形成了一些应对策略——"临时抱佛脚"，即考前背笔记或教材，甚至有的学生在考前通过复印他人的笔记以获得复习资料。教学模式的变化必然要求评价方式的相应调整。以考试为主要形式的结果性评价方式显然不适合研究性学习模式下学生学习成效的评价。为了能够更好地评价学生对知识的深度理解以及对知识的迁移与运用能力，以及学生的自主探究和协同合作意识，笔者设计了过程与结果相结合、小组与个体相结合的评价方式，如表2所示，由三个评价维度与9个评价指标构成。

表2　　　　　　　**研究性学习模式下的考核与评价方式**

考核与评价维度与比重	评价指标及其在总成绩中的比重（分数）	
知识的理解与运用能力 （满分50）	小组的文献综述	10
	小组的研究问题	10
知识的理解与运用能力 （满分50）	小组的研究方案	10
	小组的研究成果	20
自主探究能力 （满分30）	个人的读书笔记	10
	个人的研究过程记录	10
	个人的研究总结	10

考核与评价维度与比重	评价指标及其在总成绩中的比重（分数）	
小组协同合作 （满分 20）	组内成员的互评（参与意识、合作意识）	10
	组长对组员的评价（参与意识、合作意识）	10

五、总结与反思

笔者对研究性学习模式的建构源于本科生毕业论文指导过程中的"痛苦"体验以及对传统教学模式在论文写作课程教学中所具有的局限性的反思。培养和提高写作能力是论文写作课程最根本的目标，教学模式的改革和创新需要我们先重新认识和定义"写作能力"。学术论文的"写作能力"是一个由语言表达能力、逻辑思维能力和科学研究能力共同构成的能力复合体，其内部结构如图 1 所示。学术论文写作是科学研究的一个环节，写出一篇高质量学术论文的决定性因素是开展具有创新性的科学研究活动，因此科学研究能力在学术论文写作能力体系中居于核心地位。同时，学术论文的写作是对研究问题的回答或者是对研究假设的论证，其结论的可信性，除了与事实论据的可靠性相关之外，还在很大程度上取决于论证逻辑的严密性。因此，逻辑思维能力在写作能力结构体系中处于第二层。学术论文的写作是运用准确、清晰且具有条理性的专业性语言对研究结论或观点加以表达，因此，语言表达能力居于写作能力结构的最外层。

教学是实现课程目标的主要载体，由于培养和提高学生的学术论文写作能力是论文写作课程的根本目标，如何将知识转化为写作能力就成为论文写作课程教学模式改革和创新的核心。笔者在借鉴建构主义学习理论的基础上，探索了研究性学习这一新型的教学模式。该模式为学生创设了一个"课题研究"的任务情境，激发学生从兴趣和日常生活中的观察出发，以小组协作的方式进行自主探究，从而建构知识。由于创设的情境要求学

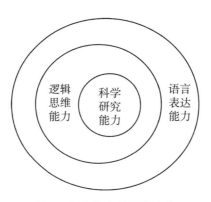

图 1　写作能力的逻辑构成

生将已有的知识经验运用和迁移到新的情境，能够促进学生对知识的深度理解，并实现知识向能力的转化。

　　然而，任何的改革和创新都会面临阻力和困难，教学模式的改革也不例外。研究性学习模式在实践过程中面临着两个问题：首先，小组协作中可能产生"搭便车"行为。笔者在以往课程教学中对小组学习模式的试验发现，个别学生对小组的学习活动参与度低，却一样分享了小组其他成员的学习成果。为了避免小组学习中的"搭便车"行为，笔者在学习成效的评价体系中设置"个人自主探究"维度和"小组协同合作"维度，前者是为了激发并评估学生的自主探究能力，后者是为了促进并评估小组成员之间的协作意识。其次，教师面临着超负荷的指导任务。由于该课程由笔者独立承担，所以面临着难以在课堂内对每个小组进行针对性的指导。在过去几年中，该课程的选课人数稳定在 25 人左右，分成 5 个研究小组，这就要求教师在教学过程中同时指导 5 个小组的研究实践。由于课堂教学时间的限制，笔者难以对每个小组需求和问题进行充分的回应，这在一定程度上制约着教学模式的效果。对此，笔者认为根据选课学生的规模组建相应教学团队不失为一个解决方法，每位任课教师可承担 2~3 个小组的指导。

高校课堂教学的积极情感建构①

胡全柱　徐　昶

　　高校课堂教学在本科人才培养体系中居于中心位置，是实施高等教育的主战场，承载着培养人和造就人的重要任务，同时也是决定高等教育教学质量和效果的关键②，因此改造大学课堂是提高人才培养质量的突破口和关键点。③ 但根据高校教学情况方面的调查，可了解到大部分学生的上课情况并不乐观。④ 同时，大部分高校课堂的教学模式依旧是重点培育学生的知识技能和应试能力，呈现出注入式、教条式、单向纵深式、理性泛化式、严苛管束式等特征⑤，这无疑压制了学生对学习的主动性和批判性。在这种环境下学生很可能会产生一系列消极的情感，例如情绪麻木、畏惧、自卑、枯燥无味、反感课堂、师生对立等，使得课堂效果大打折扣。

　　尤其是在当下进行的一系列高校课堂教学改革背景下，授课内容信息量增多但教学课时却不断压缩，如何满足教学需求，实现预期的教学目标，使得学生获得最佳的学习效果已经成为亟待解决的教育现实问题。因

---

　　① 本文系浙江省省级社会实践一流课程"社区服务实务"阶段性成果。

　　② 屠莉娅. 理解、研究与创造：课堂变革的三部曲 [J]. 全球教育展望，2019，48（3）：126-128；丁善辉. 课堂变革提振教育自信 [J]. 江苏教育，2018（42）：66-67.

　　③ 卫建国. 以改造课堂为突破口提高人才培养质量 [J]. 教育研究，2017，38（6）：125-131.

　　④ 刘献君. 论"以学生为中心" [J]. 高等教育研究，2012，33（8）：1-6.

　　⑤ 吴艳，陈永明. 大学高校课堂教学的现状分析及思考——基于全国十所高校的实证调查 [J]. 高教探索，2015（11）：88-93.

此，本文立足于情感社会学的符号互动论视角，揭示传统高校课堂教学的情感特征，在此基础上，重构传统高校课堂教学的情感结构，以提升高校课堂教学效果。

一、情感社会学的符号互动理论

早期的社会学家已经认识到，"情感不仅是心理状态的表现，也是人类行为中不可或缺的元素，其代表了人类行为模式与倾向"①，例如孔德的"情感与社会秩序"、涂尔干的"集体情感"、韦伯的"情感行动"以及马克思的"激情社会学"。特纳在其著作《情感社会学》中指出情感包含以下五种成分：关键的身体系统的生理激活；社会建构的文化定义和限制，它规定了在具体情境中情感应如何表达和体验；由文化提供的语言标签被应用于内部的感受；外显的面部表情、声音和副语言表达；对情境客观或事件的知觉与评价。②

情感蕴藏于社会互动。符号互动论者米德认为情感的出现是个体与他人交往的结果，"情感互动，指的是从一个人到另一个人、又从另一个人回到这个人自身的情感性光线的反射式绕结"③。同时米德提出的动力模型，即他所称的"活动阶段"，为研究情感提供了一个有前途的框架。在这个模型中，米德指出所有的社会行为和互动都受到与环境有关的冲动或不平衡状态的推动。④ 库利是第一个把情感引入互动过程的社会学家，并奠定了符号互动理论研究情感的基本框架。他指出，情感的基本特征表

① 文军.西方社会学理论：当代转向［M］.北京：北京大学出版社，2007：240-241.
② ［美］乔纳森·特纳，简·斯戴兹.情感社会学［M］.孙俊文，文军，译.上海：上海出版社，2007：7-8，85.
③ ［美］诺尔曼·丹森.情感论［M］.魏中军，孙安迹，译.沈阳：辽宁人民出版社，1988：203.
④ ［美］乔纳森·特纳，简·斯戴兹.情感社会学［M］.孙俊文，文军，译.上海：上海出版社，2007：7-8，85.

现为社会性，这种社会性的实质内容就是人际交往的过程，情感的发生建立在个体意识到自己是和其他个体维系在一起的基础上，社会自我支配着情感的反应和特点，情感互动过程是由姿态和语言的交换行为构成的。①

特纳指出，"互动主义的妙处在于抓住了情感对互动过程的影响"②。从情感社会学的视角来看，符号互动论系统地阐述了行动者的情感结构和在社会控制中某种情感（角色情感）的发挥。符号互动论提出了与情感相关的三个基本命题：一是个人有权善待自己作为对象的能力；二是角色扮演（与特定的人或广义的其他人）、行动者的自我概念以及对心理自我相互作用等能力在很大程度上被接受；三是社会控制在很大程度上是自我控制。③

显然，高校课堂师生互动正是在课堂这个特定的时空情境中，师生双方按照一定的互动规则，为达到教学目标和效果，不断进行交互作用和相互影响的一个连续的情感互动和认知互动结合的动态过程。情感在这个动态过程的每一要素中都不可或缺，这些要素包括互动主体、互动情境、互动规则和互动过程。

（一）互动主体

师生互动作为一种特殊的人际互动，指的是在师生之间发生的各种形式、性质和各种程度的相互作用和影响。在高校课堂教学中，直接参与教学互动的行动者包括教师和学生（或学生群体）。作为一种人际作用和影响，互动必须在两个或两个以上的个体或群体之间发生。如果仅仅是两个以上的个体或群体客观存在，个体或群体之间只存在简单的施加与接受、

① 郭景萍. 库利：符号互动论视野中的情感研究 [J/OL]. [2004-04-06]. 求索，2004（4）：162-163. DOI：10.16059/j.cnki.cn43-1008/c.2004.04.060.

② ［美］乔纳森·特纳. 社会学理论的结构（下）[M]. 丘泽奇，译. 北京：华夏出版社，2001：97，66.

③ 刘雨. 学生情感不平等：一种社会学分析 [J]. 高等理科教育，2017（1）：88-91，102.

刺激与反应或被动的单方面作用，不能认为彼此之间存在互动。只有当这些共存的个体或群体之间行为发生相互联系和彼此能动反应时，互动才真正存在和发生。因此依赖性是其中一个具有本质规定性的特点，是否存在相互依赖性是判断双方能否构成互动的基本方法。而这种依赖性的产生必须建立在师生双方相互理解、彼此地位平等信任的基础之上，它是一种互相对话、包容和共享的关系。

情感社会学关注人的情感，同时在认识论上，情感是作为一种主观社会事实的存在。因此，在高校课堂教学中，以情感的角度观察互动主体的外在情绪表达以及在课堂互动过程中所呈现的情感及其遵循的情感规则，不仅能够更加全面地了解高校课堂教学互动主体的基本信息，也能够从情感这一角度理解高校课堂教学中互动主体的行为特点，以促进师生之间良好互动的生成。

（二）互动情境

互动主体之间的互动，总是在具体的情境中，以特定的行为方式进行。课堂师生互动则是教师与学生之间、学生与学生之间在高校课堂教学这一特殊社会情境之中，通过一定的言语行为和非言语行为进行的。[①] 为了实现良好的互动，互动主体需要理解和把握在不同情境中的不同目标、行动、内容、符号以及方式，但由于每个个体的经验和认识水平都不尽相同，因此在解释特定情境时不可避免地存在着差异性和特殊性。

高校课堂教学是一种特殊而又复杂的社会情境，其中涉及教学的目标、内容、方法、手段，涉及教学的环境、气氛，以及教师与学生、学生与学生之间的互动。因此教学目标的完成取决于教师与学生之间、学生与学生之间对课堂情境的理解程度，主要包括对课堂的规则、组织、气氛、内容、目标等方面的认识以及反应。

---

① 程晓樵，吴康宁，吴永军. 高校课堂教学中的社会互动 [J]. 教育评论，1994（2）：37-41.

当教师与学生对课堂情景定义取得一致认同时，师生在互动过程中按照各自的"规范期望""情景定义""文化价值"表现出期望的行为，并得到情境认可时，师生之间的喜悦、兴奋等积极的情感在持续的师生互动中会因此得到强化，课堂气氛就会积极、融洽，整体教学效果也会相应提升；否则课堂中就会表现出消沉、敌视等消极的情感。因此，情感在师生互动情境中对互动效果具有参照作用。

（三）互动规则

互动行为规则是互动双方依据互动的需要和环境的条件，共同制定和强制执行的行为准则。[①] 不同性质的规章制度会形成不同的群体压力，产生不同的心理和行为影响。在高校课堂教学中，教师和学生的遵循是在外在强制力量和内在自觉自愿的基础上进行的：一方面，规范的产生源于控制和评价人们行动的需要，这对于教师和学生起着制约作用；另一方面，随着对规范的学习、熟悉和掌握，外在的规范能内化为教师和学生的自觉行为意识。互动与角色有着密切的关系，高校课堂教学过程实际上是课堂中各种角色相互作用并发挥其特有功能的过程。[②]

因此有学者将师生的角色分析作为研究师生互动的突破口，指出"互动是角色的互动，角色是通过互动表现出来的"，并构建了三种师生互动的结构类型：第一层面是师生互动的内在动力，第二层面是师生互动的实现工具，第三层面是师生互动的结果显示。[③] 由于师生角色带有社会制度规定性、地位特殊性和社会对师生角色的不同期望等，师生之间行为的主要属性是"控制—服从"，教师指向学生的行为，其宗旨在于"课堂控

---

① 亢晓梅，胡春梅. 师生课堂互动行为规则制定和落实策略 [J]. 教学与管理，2001（2）：35-36.

② 程晓樵，吴康宁，吴永军. 高校课堂教学的社会学研究管窥 [J]. 教育研究，1993（1）.

③ 马维娜. 大学师生互动结构类型的社会学分析 [J]. 教学研究，1999（3）：69-72.

制"，控制是教师课堂行为的社会学本质。① 因此在高校课堂教学这个情境中，师生互动不可避免地具有先定性和"控制—服从"的特征。

但在高校课堂教学这一特殊的时空情境中，课堂互动中的师生之间不仅仅是简单的"主体—客体"关系或"手段—目的"关系，而是互为主体的"人与人"的关系②，因此对教育参与主体自身所具有的独特情感关注不可或缺。尤其是当互动主体与高校课堂教学中的规章制产生矛盾和冲突的时候，如何利用情感的教育问题分析框架有效解决高校课堂教学中所产生的问题显得尤为重要。真正有效的师生互动，包含师生心理、语言、态度、认知、情感、技能等诸多因素，而这直接依赖于师生间的平等、尊重和合作。③

（四）互动过程

互动同时也是一种交互作用和相互影响的过程，在整个高校课堂教学过程中，不是教师对学生或学生对教师的单向、线性的影响，而是师生之间相互作用和影响。同时，这种交互作用和影响不是一次性或间断性的，而是一个链状、循环的连续过程。

在高校课堂教学效果中，教和学之间互为评价标准和依据，二者共同决定高校课堂教学的效果。教师成功的教学行为与学生良好的学习行为的协调互动才会形成优良的教学效果，这种教学效果的依赖性都具有双向性，不仅教师需要了解和认识学生，学生也需要了解和认识教师。这种相互理解是师生连续互动的基础，是构建课堂互动情境的基础，也是化解课堂冲突的有效手段。

---

① 程晓樵，吴康宁，吴永军，刘云杉 . 课堂教学的社会学研究 [J]. 教育研究，1997（3）：64-71；吴永军，吴康宁，程晓樵 . 高校课堂教学的社会因素 [J]. 南京师范大学学报，1993（2）：92-97.

② 金生 . 超越主客体：对师生关系的阐释 [J]. 西南师范大学学报（哲学社会科学版），1995（1）：40-42.

③ 李瑾瑜 . 关于师生关系本质的认识 [J]. 教育评论，1998（4）：36-38.

因此，在师生互动的过程中，如果只是形式上的交往而彼此之间缺乏感情的互动，仅仅是一种虚假的、空洞的互动。师生要想达到有效的互动，就必须建立在密切而又有实质性的情感化联系之上，否则教学就失去了存在的意义。[①] 其中教师在教学中具有情感的表达方式对提升教学效果影响显著，它包括重视观察和理解互动主体的情感表现，还要重视教师自身的情感表达。因此，教师与学生互动的过程并不是一种理性化的语言交流，而是通过自身的情感表达以唤起学生的"共情"。

三、消极情感共同体：传统课堂的情感特征

高校课堂教学中的情感研究一般包含两个方面的内容：一是学生对于教师和课程内容等情感角色扮演和情感投入问题，二是教师在教学互动过程中的情感研究。

从我国高校教学现状来看，师生在课堂中的互动大多局限于认识范畴之内的交往活动，教师扮演的往往是"互动中心""课堂控制者"等角色，使得学生互动主体地位的缺失，课堂中师生之间对于情感的理解、表达以及沟通并不顺畅，甚至产生了厌学、愤怒等消极情感。同时在高校课堂教学中，师生双方由于对互动情境的认知差异和高校课堂教学观和认知观的偏差，师生关系也逐渐淡漠化，对立性、冲突性情感增多。课堂教育中的课程是学生进行情感社会化以及情感控制的主要媒介。在师生互动过程中，教师和学生通过课程进行知识的传递和情感的沟通，但由于学校教育的某种异化，造成彼此情感沟通"失范"，尤其是当师生双方的情感诉求得不到满足时，情感中的冲突将变得更加激烈。[②] 从这个意义上说，传统高校课堂是一种消极情感共同体，其特征包括：

---

① 亢晓梅. 师生课堂互动行为特点探索 [J]. 江西教育科研，2005（4）：49-51，54.

② 刘雨，张晓旭. 教育情感社会学研究引论 [J]. 集美大学学报（教育科学版），2015，16（1）：67-71.

（一）学生互动主体地位的缺失——厌倦、冷漠

"以教师为中心"的教学理念一直是大部分高校传统课堂上所秉持的教学理念，其过多关注教师"教"的主体性，而忽略了学生"学"的重要性，由教师主导、控制课堂的节奏，学生被动接受教师传授的知识。但随着时代发展，作为信息"受体"的学生，由于其自主学习能力的提升，课堂中的教与学的互动形式早已发生了转变。① 传统的教学理念的弊端也逐渐显现，同时教师神圣的、不可侵犯的、绝对正确的地位开始被质疑和弱化。

在课堂互动的过程中，师生双方都是同等重要、互为主体的。虽然近年来在我国实施的教育改革中，"以学生为中心"的教学理念成为改革的重点，要求在教育教学活动中，既要重视教学的组织者和引导者——教师的作用，同时也要重视和体现学生的主体作用。然而在当下的教育实践中，大部分学生的主体性还是没有得到足够的关注，表现为教师为了完成一定的教学任务和目标或担心课堂失控，在教学中几乎不愿意与同学互动，因此在很多高校的课堂教学中不难发现的普遍现象是：教师在讲台上讲得天花乱坠，忘情自我，口干舌燥；但学生在台下却昏昏欲睡，无精打采。教师还是"主角"，学生只是"听众"。因此有学者指出，教师与学生往往处于一种"桶"与"杯"的关系，教师以"一桶水"去灌学生的"一杯水"。师生之间忽视了其中的情感体验，形成"师生之间没有真实的、直接的精神和情感交流，没有和谐的情感、尊严、自由与价值的追寻，教师和学生在教学中仿佛不是活生生的、整体的人而存在，而是作为知识的工具和单纯的知识角色而存在"②。

在互动中也存在着地位的双重分层，即局内人与局外人之间的分层，

---

① 孔青. 高等教育高校课堂教学中的信息互动［J］. 江汉大学学报，2001（5）：81-83.

② 李小平. 我国大学教与学活动的片面现象反思［J］. 高等教育研究，2005（4）：67-71.

以及内部处于中心位置的成员和处于边缘的成员之间的分层。在课堂中互动就体现为一种由中心到外围的连续过程：教师由于具有制度性的身份角色和知识优势，在互动中心中处于关注的中心，少部分学生靠近中心位置，大部分学生位于中间位置，还有一部分同学位于外围位置。① 因此在高校课堂教学中，与教师的互动状况和学生的成绩、在班级的不同地位紧密相关：从互动对象来看，成绩优秀的学生、班干部与教师互动的机会比学习成绩差的学生和普通学生多，也更容易成为教师互动的长期对象；从互动机会来看，教师比较偏爱与优秀的学生进行长时间的言语互动，成绩一般或差的学生与教师的互动机会比较少；从互动内容来看，较优秀的学生更有机会回答教师提出的问题，有时还能给教师不同的启发，而普通的学生则被教师认为不能给予教学有效的帮助；从互动关系上来看，成绩优秀的学生常常得到教师肯定性的评价，教师也较容易接受他们的个性自我表露，而成绩一般或较差的学生常常得到的是教师带有否定性的情感评价，因此也受到较多"专制"规定，他们的自我表露也不被教师所接受。②

因此，在多数高校课堂教学中参与互动的教师个体和学生群体以教师个体与优秀学生个体之间的互动居多。优等生对参与课堂互动充满自信、热情，课堂投入度高，具有较强的群体成员身份感。处于中间的学生群体有时也能积极地参与课堂互动，但大多数时间他们只是按部就班地参与互动。③ 而对于较差的学生与教师的互动较少，甚至没有。由于他们在课堂中的参与度极低，身份感的缺失，"事不关己""有意疏远"成为他们的课堂状态，他们对学习的热情被浇灭，教师讲课自然也不能有效激起他们的学习兴趣，他们在互动情景中也很容易产生厌学、疲惫、无价值以及无意

---

① 曾颖. 仪式与分层——对课堂师生互动过程的社会学分析 [J]. 教学与管理，2014（27）：10-12.

② 亢晓梅. 师生课堂互动行为特点探索 [J]. 江西教育科研，2005（4）：49-51，54.

③ 曾颖. 仪式与分层——对课堂师生互动过程的社会学分析 [J]. 教学与管理，2014（27）：10-12.

义感等消极情绪。

（二） 师生对互动情境的认知偏差——恐惧、愤怒

学者吴康宁在布莱克莱吉研究的基础上对师生互动模式进行了构建，了主要包括四个步骤：教师对互动情境的界定、学生对互动情境的界定、教师与学生的碰撞、教师与学生的调整过程。① 师生对互动情境的界定受到来自彼此的一般观念以及对对方的认识与期待的影响，在师生互动的过程中，教师的教师观、知识观和教育观等一般观念，以及对学生的年龄、性别、家庭背景等因素的认识与期待都会影响其互动行为的选择，其中学生对教师的认识和期待也成为其选择互动行为的主要因素。②

但在实际的高校课堂教学活动中，教师和学生互动通常具有明显的组织化特征。教师具有明确的目的、内容和预期目标，高校课堂教学是教师为了完成某种特定的教育任务而有目的、有意识地开展的，这种组织化的互动有利于知识的传播，但不利于师生之间的深入交流。学生对于教师的初步认知首先来源于高年级的传播以及其他学生的评价，其次是课堂教师的言行举止以及对学生的态度进行不断的认知修正。教师对于学生的认知也取决于学生的基本信息以及外在行为特征，但这两种认知都带有较强的主观性。师生双方的认知和期待随着师生熟识度的加深和认知信息、情感信息的不断交流也体现出明显的差异。如果双方在教学活动中都具有满意的体验、期望值较高，那么教学活动将顺利开展；但如果教师和学生彼此都不存在期待，不仅教师的积极性被浇灭，其教学成为一种枯燥无味的义务活动，学生因此也会对高校课堂教学失去信心和兴趣。

同时，教师在课堂中流露出的对学生的情感、期望与评价，会直接影响到学生的自我认识和课堂表现。学生也是具有自身独特思想、感情的个体，在表达观点时，会害怕被批评、被嘲笑甚至无法得到尊重等情感体

---

① 吴康宁. 教育社会学 ［M］. 北京：人民教育出版社，1997：290-291.

② 张紫屏. 课堂有效教学的师生互动行为研究 ［D］. 上海：上海师范大学博士论文，2015.

验。如果得到教师肯定性评价例如恰当的表扬、赞赏等肯定行为会使学生持续产生积极的情感；但教师频繁的批评、斥责等具有负面期待的否定性行为，则使得学生出现公开的抵制行为，如故意违反课堂纪律、上课心不在焉、思想开小差等。例如，学生以为自身优秀往往会表现出积极踊跃举手发言、回答问题时与教师进行眼神交流、积极思维并主动提问等积极有效的互动行为。如果其认为自身是教师眼中的差生，就会表现出低头、逃避教师眼神、机械回答教师提问、扰乱课堂秩序等低效甚至负效应行为。

在课堂互动情境中存在的权力维度的分层主要表现为教师对学生的支配与控制，使情境朝着预期的方向发展，以此维持或增强自身的情感能量，并使自身所具有的符号资本受到另一方的赏识和尊崇。教师由于具有制度性的角色身份和在知识占有的相对优势，在互动中处于控制和主动的位置；而学生则在知识占有上处于"无知"的境遇中，在互动中处于服从和被动的一方。① 有学者指出，在这种"控制—服从"的情境中，"命令"是其核心话语方式，强迫性的相互关注是占据主导的情感。一方面，教师在这个情境中体验到的是一种支配性的情感，同时还可能伴随着一种愤怒的情绪；而学生由于被迫接受命令而体验到了的是一种被支配的消沉、恐惧等消极的情感。另一方面，尽管受到压制，学生仍然会在不同程度上体验到愤怒等支配性情感，并会在机会合适时扮演侵犯者的角色；而教师在继续扮演"命令的发布者时"，也会体验到从"命令的接受者"的学生中所唤起的恐惧、被动性等情感。②

（三）师生关系的僵化和冲突性——对立、紧张

师生之间的高校课堂教学活动是建立在"人与人"的关系上的，因此融洽的师生情感和师生之间的相互感染对于提升教学课堂效果的作用显

---

① 曾颖. 仪式与分层——对课堂师生互动过程的社会学分析 [J]. 教学与管理，2014（27）：10-12.

② 吴康宁，程晓樵，吴永军，刘云杉. 高校课堂教学的社会学研究 [J]. 教育研究，1997（2）：64-71.

著。在高校课堂教学这个具体的情境中，师生互动由于受到一定角色规范的要求和具体目标的约束，大多数教师只是为了一定的教学目标而授课，"上课直奔主题，下课提腿就走"这种现象在高校中尤其显著，师生之间的义务和责任仅仅体现在高校课堂教学中。一般来说，师生关系的建立取决于师生互动的时间、空间以及频率，但大多数高校师生之间没有掺杂更多的关系可能，在这样的高校课堂教学环境中，师生关系淡漠，学生很容易对教师产生一定的抵触和不负责任的心理，将教师视为不通情达理的人，最终也以随意的态度结束互动。① 甚至一部分学生长期处于挫败感之中，归属的需要得不到满足，对学习也缺乏足够的兴趣和信心。

同时对于课堂管理，大多数教师往往把高校课堂教学管理片面理解为强迫对每个学生加以监督和管理，使得其服从命令。因此教师的教学管理变成了一种领导的过程，课堂中经常出现的是监督、约束、操纵等行为，但这并不能有效地解决课堂中的纪律问题，反而会引起学生的逆反心理。社会学家沃勒在《教学社会学》中指出，师生关系是制度化了的"支配-从属"关系，教师始终处于主导的地位，但学生却有着自己的想法和动机，因而教师和学生之间不可避免地存在着冲突。同时有学者指出，教师和学生是相互对立的，表现在普遍性和个别性、科层组织的非人格化和初级群体的情感性、成年人和未成年人、异时和现时、支配与从属五个方面，它们相互交织，构成师生冲突的内源性社会基础。②

学生的不满或抗争可能不会直接表现，但会通过其他消极方式呈现，例如沉默应对、假装服从、故意曲解教师、无视班级的规章制度。这种师生之间的矛盾冲突和学生的冷漠对抗，使得师生之间充满对立、紧张的情绪，不仅使得教师时刻处于紧张不安和激怒的状态中，更使得学生更会反感、厌倦课堂，其学习的积极性也在下降，课堂气氛必然消极、压抑、沉

---

① 李瑾瑜．论师生关系及其对教学活动的影响［J］．西北师大学报（社会科学版），1996（3）：62-66.

② 陈振中．重新审视师生冲突——一种社会学分析［J］．教育评论，2000（2）：40-42.

闷。而这种气氛时刻影响着学生，一项心理学实验表明，在积极的教学气氛下，学生的理智反应大大超过机械、重复和混乱反应，而在压抑对立的高校课堂教学气氛下，学生的机械应对、重复和混乱反应居多，学生由此产生抑郁、孤独、自卑、冷漠的性格特征几率大大增加。①

（四）师生互动过程中的异化——焦虑、畏惧

在高校中，教师实际扮演着两种角色，首先是"组织角色"，其次是"初级群体角色"。在高校课堂教学中，教师扮演的初级群体角色是灵活、具体、丰富的。但一部分高校教师上课只是例行公事，将组织角色转移到高校课堂教学中，仿佛学生是没有感情的机器。同时教师在高校课堂教学中的情感也被外在的社会力量所控制约束，情感逐渐符号化，成为一种形象塑造，成为一种为完成教学任务的符号工具和手段，师生之间的情感逐渐异化、淡化甚至虚假。② 因此有学者指出，传统高校课堂教学的根本缺陷在于课堂是一种以知识为本位的教学，只关注知识的授受，在课堂上学生成为盛装知识的容器，而不是具体的有个性的人。③ 尤其是在教学实践中，"提问—应答—评价"的教学模式或结构占据了90%以上，在这种教学模式主导下，教学变成了训练，教师将知识强行灌输给学生，并通过学生的被动"应答"检验知识的"效率"与"效果"，再通过奖励或惩罚等外部方式对学生的学习结果进行评价，从而完成教学任务。这种教学模式必然导致师生互动的僵化、形式化、表面化，教学过程成为产品加工过程，课堂异化，学生的人格也随之异化。

高校课堂教学活动也是一种特殊情境中的人际交往活动，师生双方共同参与的教学活动中，不仅仅认知信息的交流，也是一种人际情感的交

---

① 张德. 教育心理研究［M］. 北京：教育科学出版社，1984：88.

② 王宁. 略论情感的社会方式——情感社会学研究笔记［J］. 社会学研究，2000（4）：122-125.

③ 余文森. 试析传统高校课堂教学的特征及弊端［J］. 教育研究，2001（5）：50-52.

流。在教学中，学生对教师教授的客观知识并不是想象的那样机械地全盘接受，而是有一定的选择性的；同时学生的想法或经验在一定程度上也能给予教师一定程度上的启示。但传统型的教师很难拉下"师道尊严"的面子，一方面，他们固守传统的教育理念：教学即传播知识，并不重视在互动过程中对于知识的建构和共享，即使在台上讲得口干舌燥，也不给学生提出疑问的机会，学生的经验和兴趣在课堂中处于被压制的地位。另一方面，他们会有一种先入为主的感受：学生由于知识、经验还未系统化，有时可能会出现对教师的粗暴、傲慢、顶撞和无理取闹等言行举止。

高校教师不同于基础教育的教师，他们更多地关注理论的系统性讲授、自身对理论深度的探讨和理论的发展趋势分析，因此"讲授—接收"依旧是当今高校课堂教学的主要模式，这种单一的教学模式加上教师忽略对于教学情境和教学艺术的设计，尤其是教师在课堂授课中言语冷漠，面色阴沉，学生由此会对教师产生畏惧的心理，对所授课程失去探索兴趣，这使得学生的课堂参与度极低，学生的厌学情绪也逐渐加重。[1] 有调查显示，大部分学生厌倦上课的原因大多是教师照本宣科，空洞、枯燥理论既不能指导生活，又不能适应将来就业。[2] 因此在高校中，课堂师生之间既无法营造一种融洽和谐的课堂氛围，也不能有效打开学生思维的开放性和活跃性，这使得学生成为"有想法而不敢说甚至害怕说"或者干脆成为"沉默寡言"的旁听者，学生的自信心、自主性和对学习的积极性在一定程度上被这种课堂模式压制。

三、积极情感共同体：传统课堂的情感重构

传统教学课堂中所产生的一系列消极情感阻碍了课堂效果的有效提升，但情感具有两个方面，即积极情感和消极的情感。日本教育学家片冈

---

① 滕明兰. 大学生课堂沉默的教师因素 [J]. 黑龙江高教研究，2009 (4)：146-148.

② 柯进，等. 大学生缘何患上"课堂沉默症" [N]. 中国教育报，2007-06-05 (2).

德雄认为："感情结构问题是高校课堂教学不可缺少的一个条件，即具有支持性氛围以激发班级成员的自发行为、敏锐知觉与移情理解。"① 我国情感教育的首倡者朱小蔓教授也提出"情感—交往"型课堂模式，指出"正是积极有导向性质的情感活动，才使得教学活动不仅具有传递人类民族文化遗产的功能，而且具有培养个性精神的过程"②。

因此，将传统高校课堂从消极情感同体重构为积极情感共同体，就显得尤为重要。从互动主体的转化、互动情境的定义、互动规则的转变以及互动过程的相互作用，师生之间的情感从尊重、理解开始，到认同、支持、鼓励最后达到融情，也是一个逐级递进、深化的过程。③ 只有这样，实现传统高校课堂的消极情感共同体向积极情感共同体的转变才成为可能。

（一）互动主体的转化——尊重、平等

有效的师生互动应该以学生为中心，师生通过协商实现师生之间正向的理性互动，教师鼓励学生主动参与互动，注重激发学生的积极性，让学生认识到自身也是高校课堂教学中的行为主体，学生将会表现出自信、主动、友好、合作等积极的情绪与行为。在互为主体的高校课堂教学中，教学不再意味着是教师以独白的方式对学生进行单向控制，学生也不再是被动地接受、存储教师传授的知识，二者都是以主体的身份共同进入教学领域。

双向互动的核心是互动主体间的尊重、平等、真诚、和理解，强调的是主体之间的话语交流、心灵沟通和民主自由的互动氛围。在这个过程中，教师应摒弃单一机械的教学方法，可以采用辩证法、讨论等方式调动

① 转引自瞿葆奎. 教育学文集——教学（中册）[M]. 北京：人民教育出版社，1988：375.

② 朱小蔓. 情感教育论纲 [M]. 北京：人民出版社，2007：59.

③ 陈琳. 师生交往：一种情感社会学的分析 [J]. 现代教育论丛，2015（4）：27-30.

学生参与的积极性；学生的个人经验、情感在互动过程中应该得到尊重和激励，认可每个学生都是具有价值的独立个体。尊重是师生情感交往的基础层次，"尊重作为人际间的礼仪，表达了人们对于他人的尊敬，表示他们希望互动的愿望、他们的作用和其他感情，以及他们对相遇的投入"①。尊重是建立良好师生情感互动的前提，指引着师生情感交往的开始，教师和学生作为互动的主体，是以彼此人格平等的前提进入交往领域。师生主体之间的相互平等也是互动产生的基础，但在大学教学课堂中普遍出现的却是"教师对学生"的交往，在这种互动中学生处于被动和不平等的地位。有调查研究显示，大学生对于教师的好感和赞许大多来自教师的学识、责任心等，属于一种下对上的"崇敬"感，但缺乏主体间平等的和谐。②

教师可以在教学中鼓励学生自己去发现课程的内容，即"教师必须停止总是代替学生完成各种各样的学习任务：组织学习内容、举出例子、提出问题、回答问题、总结讨论、解决难题和制作图表等等"③。教师在设计和实施各种活动时需考虑学生的自主性，并鼓励学生学会自主探索。同时，教师应该给学生创造更多的自我思想展示和互相学习的机会，将课堂互动的主动权和话语权交还给学生，学生的课堂主体行为是课堂互动的前提和保证。④ 教师让学生在课堂上对自己的学习任务进行分配和展示，对学生的观点和方法进行评价，并引导其他学生对所展示的观点进行评析，活跃课堂气氛；吸引学生共同参与教学设计，让学生得以真实体验学习活动，从而获得认同感和对课堂的自信。

① ［美］乔纳森·特纳. 社会学理论的结构（下）［M］. 丘泽奇，译. 北京：华夏出版社，2001：97，66.

② 李小平. 我国大学教与学活动的片面现象反思［J］. 高等教育研究，2005（4）：67-71.

③ ［美］玛丽埃伦·韦默. 以学习者为中心的教学：给教学实践带来的五项关键变化［M］. 洪岗，译. 杭州：浙江大学出版社，2006：56.

④ 鲁武霞，李晓明，黄成洲. 主体间性视阈下课堂师生互动研究［J］. 中国成人教育，2010（4）：100-101.

（二） 互动情境的定义——认同、鼓励

教师和学生因为共同的情感体验而使对方的感受投射到自身，使自己能够被认同，此时，教师或学生的情感会围绕对方对自己的肯定和否定而变化，从而影响自身的行为。因此，认同的意义在于使学生或教师的行为与对方的评价及自身身份标准相一致，当学生和教师的交往符合情感表现规则时，便会得到对方的肯定性评价，而获得肯定性评价的教师或学生会更容易得到对方的认同，师生在认同的情感体验中，更容易形成和睦友好的交流氛围，在这种情况下，师生双方就会产生积极的情感能量。①

由于学生正处在身心发展过程中，在教学活动中更多的是接受外界的刺激。言语则是师生互动中的主要纽带，它不仅仅是师生交往互动中的中介，也是生成教学情感源泉。有学者指出，教学中的言语不应该当作一种事物来体验，而应当作为人的行为结果来解读。② 社会心理学认为，人们在人际知觉和交往过程中所获得的信息，很大程度上是取决于动作、表情、实物、环境等形式的"非语言交流"，非语言交流与语言交流结合在一起，可以弥补语言表达情感的不足，从而保证人们共同活动所必需的信息交流。美国心理学家梅拉比研究表明，在人类的信息交流过程中，大部分的信息交流是非语言交流，其中面部表情占55%，音调占33%。③ 因此教师的面部表情僵硬、严肃，讲课音调平板，既不能激发教师自身的情感，也不能带动学生参与高校课堂教学。相反，教师的语言生动形象、风趣幽默，运用生动的实例将会给学生留下深刻的印象，有效激起学生内在的对高校课堂教学的认同。

首先，教师可以重视教学符号的使用，包括课堂上教师与学生之间

---

① 陈琳. 师生交往：一种情感社会学的分析 [J]. 现代教育论丛，2015 (4)：27-30.

② 杜中华. 课堂教学情感目标的缺失与重建 [J]. 教育探索，2005 (2)：12-13.

③ 栗洪斌，李国庆，姬学友，刘秀琴. 运用情感因素提高高校课堂教学效果 [J]. 殷都学刊，1998 (1)：85-87.

的语言以及非语言的交流，其中非语言交流对互动十分重要，包括教师的手势、姿态、眼神、面部表情和说话的音量、音调、节奏等方面。课堂社会学的研究表明，教师越靠近学生，学生的态度和表现往往越好，站在学生中间讲课的教师要比站在教师边缘后面或讲台上的教师更受学生欢迎。① 另外，教师的微笑也能够给予学生一定的鼓励。其次，教师需要关注学生的特殊性和差异性。每一个个体对情境的先在态度、认识和反应都是存在一定差别的，学生对高校课堂教学情境的理解也是不相同的。

同时，教材和严重脱离生活实际的理论知识不应该成为师生之间情感交流的阻碍，教学过程应该是师生之间的直接对话，教学内容作为师生交往的主体应该是一个话题或具体情境。简单切近生活的实际更有助于刺激学生深入思考问题，不断产生新的问题，疑惑和问题是课堂中师生交流和对话的平台和媒介，也是连接师生之间情感的重要纽带。

(三) 互动规则的转变——支持、理解

由于传统课堂中存在的师生不平等机制造成师生之间不平衡关系的产生，容易导致师生之间地位和话语权的不平等，从而造成师生关系的淡漠化。但高校课堂教学中的规则并不是死板不可变动的，师生关系也并不是不可调节的。教师可以走下讲台，可以摆脱自身权威者的身份，可以转变自身思维方式，扮演一个"友人"的角色，和学生一起友好地交流，以平等相互理解的态度与学生进行互动交流，尝试以"学生的姿态"融入学生群体，成为学生学习的鼓舞者和激励者。

当师生情感认同上升到更显著的位置时，就会有更多的支持产生，当学生在某一行为中得到教师的认同越多，学生得到教师的支持也就越多。如果教师在某一行为中得到学生的认同也跟多，教师因此获得的学生支持

① 马和民，高旭平 . 教育社会学研究 ［M］. 上海：上海教育出版社，1998：402.

强度也随之提升。当教师给予学生更多的支持时，学生因此拥有更多的肯定、鼓励等积极的情感体验，并不断获得自信心，产生积极的情感能量。①

良好的师生关系除了"控制—服从"以外，更需要同情、理解、爱护、调节和帮助。教师可以尝试了解学生的心理，甚至站在学生的角度来理解学生的所思所想和情感变化，不做任何定性评价。学生因为害怕回答错的问题，或因为传统的角色对立使得其因害怕教师突然提问问题而情绪紧张。如果能让学生感受到教师不仅仅是知识的权威，也可以是学生的朋友，他们相互之间能够理解，就能让学生放下精神上的防备，舒缓紧张的情绪，从而使得其获得安全感和舒适感，进而维持其尊严和信心。

教师在适当时候也可以扮演倾听者，在与学生进行沟通时，要想真正走向学生的内心世界，必须以平静、平和、平等的心态，关注、关心、关爱学生的学习过程，真正、真诚、真心地了解学生所困惑和所思所虑，并认真反思自己的既有想法和观念，激发学生学会表达自己内心的真实想法。教师耐心倾听其观点或经验，可使学生在想法得到分享后感到更加自信和勇敢。这种平等的交流使得师生之间相互吸引，师生双方通过分享彼此的思想、情感和经验，也使得课堂内容在每个人脑中获得持续生成、转化和内化。因此，丰富双方的情感体验，不仅学生能获取知识，教师同样也能获得有效的反馈，有利于及时调整教学内容、方法，形成一个互为反馈的情感循环，从而实现交往与创造的有机统一和教育效果的最大化。

（四）互动过程的相互作用——信任、共情

师生在互动过程中也在不断地发展情感，形成相互尊重、相互认同和相互支持，但当师生情感互动达到融情的阶段时，教师就会融入自身的情感，信任学生有能力发展自己的潜能，怀着真挚的情感与学生交流。学生

---

① 陈琳. 师生交往：一种情感社会学的分析 [J]. 现代教育论丛，2015 (4)：27-30.

也会融入自身的情感，主动参与互动，与教师共情，将与教师的交流视为必需品。

南斯拉夫教学论专家鲍良克指出，情绪调节着学生对教学的态度和积极性，即是对学生有吸引力还是引起反感；情绪还决定着学生在教学中是注意力集中、容易有兴趣、满意、积极、精神振奋，还是情绪冷淡、消极、散漫、不满足、压抑。① 如果教师在课堂中能够带着愉悦、热爱的情绪进行讲授，一方面，教师自身能够感受到这种积极的情绪，并通过自身的语言和表情及动作引起学生愉快和生动的情绪体验，且为学生在接下来的学习中提供了积极的情绪体验。另一方面，它又反过来影响教师，进一步强化教师的积极情感，使得教师与学生发生情感共鸣，形成融洽的师生关系，带来生动、活泼、愉快、乐观的课堂气氛，从而有效提升课堂效果。

现有的教学模式在很大程度上限制了学生的发展，高校课堂给学生仅仅提供了上课听讲的平台，而且由于受课堂的规模限制，讲授是最为高效的方式。因此在课堂上，"听"是常态，大多数学生并不愿意深入思考。对此，教师需要改革自身的教学方法，从传统的单一灌输转换为开放的启发诱导，强调学生的自主学习，把讲台交给学生，激发其学习欲望和积极性的学习情感。心理学家罗杰斯指出，出色的教学依赖于一种真诚的理解和信任的师生关系，依赖于一种和谐安全的课堂气氛。② 一切先进的传播媒介是冰冷没有感情的，并不能营造和谐的课堂氛围，产生积极的情感，增强学生学习的主动性和积极性。

师生在高校课堂教学活动中不仅仅是认识上的合作者，更应该是思想、情感的交流者。课堂上师生的心灵感应，教师赞许的表情、关爱和鼓励的眼神，师生之间坦诚的语言交流，甚至是一个手势、微笑等，都能体现出师生之间的情感互动和感染，从而以隐性的形式促进学生的身

---

① ［南］弗·鲍良克. 教学论［M］. 叶澜，译. 福州：福建人民出版社，1984：86.

② 转引自曹树真. 论罗杰斯的师生观［J］. 外国教育研究，2000（6）：1-6.

心发展。

四、结　语

高校课堂是一个微观的社会，课堂教学过程是师生之间、学生之间交往互动与共同发展的过程，教学任务的完成依赖于师生之间的紧密合作与高效互动。在传统教学观念看来，高校课堂只是一种知识讲授、传播与接受的互动空间，忽视了其中的情感因素。事实上，从情感社会学的符号互动论视角看，高校课堂也是一种情感共同体。不过，传统高校课堂师生互动关系模式不断生产和再生产消极情感，导致高校课堂成为一种消极情感共同体，不利于提升高校课堂教学效果。

因此在高校课堂师生互动过程的各个要素中，重视积极情感的功能，探寻积极情感的建构，重构高校课堂的情感结构以建构积极情感共同体，显得尤为重要。互动主体地位的转化能够建构平等、尊重的积极情感；互动情景的重新定义能够建构相互认同、鼓励的积极情感；互动规则的转变能够建构相互理解、支持的积极情感；互动过程的关注能够建构相互信任、共情的积极情感。这些积极情感建构有利于将作为消极情感共同体的传统高校课堂转化为积极情感共同体，对于提升高校课堂教学效果必然具有深远影响，也是我国高等教育改革的必然方向之一。

基于田野场景的研究性学习：
农村社会工作教学创新的路径探索

袁　松

一、引　言

　　社会工作专业的课程实践性极强，强调具体环境中的实操能力，很多操作策略和具体技能需要在实践场景中才能领会，"农村社会工作"课程尤其如此，因为中国农村内部差异极大，东中西部经济发展阶段不同，南中北文化背景不一，地理区位、离城市中心远近和产业业态的不同，使得不同村庄的差异巨大，这就使得"农村社会工作"的教学很难仅仅依靠课堂上的知识传授便可以得到很好的授课效果。因此，在村庄的具体场景中进行教学实践和探索，就具有了重要性和紧迫性。

　　从学科发展及专业建设的角度而言，社会工作是一种"舶来品"。西方社会工作萌芽于18世纪后期，到19世纪中叶以后才发展起来，它本身是在西方城市化、工业化过程中为解决城市社会问题而出现的，社工职业主要针对的是城市的失业者和弱势群体，虽然在西方社会工作实践中有与乡村有关的内容，但却没有专门的农村社会工作这个专业领域。诚如张和清教授所言，西方社会工作的发展，是以城市社会工作为中心，并不能为我们发展农村社会工作提供本土的经验、模式和理论。中国农村社会工作的发展，更多地需要充分吸收本土化的农村社会工作试点和实践探索的相关经验，并结合我国的制度特色和地方社会特征，总结和提炼出符合中国特色的农村社会工作的实践模式。相应地，"农村社会工作"课程的教学，也无法照本宣科，靠直接植入一套理念、框架和模式，就可以让学生掌握相应的方法、思路和技能。

目前，学界对农村社会工作的专业内涵认知不一，其中有两种倾向较为突出，一种源自慈善团体，倾向于将社会问题个人化，认为应当通过治疗恢复个人的社会功能。① 例如，张乐天认为，农村社会工作主要是一项社会服务，它的根本目的在于通过运用个案工作、小组工作、小群体研究技术、社会统计和社会调查等知识和方法来预防和解决农村中出现的社会问题，促进农村的社会进步。② 另一种则源自睦邻运动，后来发展为结构社会工作，其认为社会问题处在人与环境之间关系的失调。③ 例如，张和清主张将个人问题与社会结构、社会政策、社区重建、能力提升、团队自信心恢复、组织发育和重建信任基础等联系起来。④

基于上述两种对农村社会工作学科内涵的不同认知，衍生出两类不同的教学内容。一类着眼于知识性、技术性的内容，重点在于学习和掌握社会工作的专业工作方式和技巧，将其应用在农村社会的个体案例之中，增进整个农村的社会福利；另一类着眼于思想性、理论性的内容，重点在于分析社会问题的结构性原因，探索通过实践改变社会设置和结构的可能性，试图从根本上改变弱势群体和环境的关系，回应农村在发展过程中面临的问题，从而帮助弱势农民走出困境。

---

① 早期的乡村建设运动倡导者如晏阳初也是这种思路，他将当时中国农村社会问题的症结归结为农民的"愚、穷、病、私"。

② 张乐天．社会工作概论［M］．上海：华东理工大学出版社，2006：227.

③ 梁漱溟先生在《乡村建设理论》中指出，（民国时代）中国农村面临的问题，根本原因在于社会与文化的失调。他虽然没有西方社会工作的视野，但其得出的结论却非常具有社会工作的专业特征。

④ 张和清．国家-农民关系与当代中国农村社会工作的发展——以西南边疆少数民族村落绿寨研究为例［M］//古学斌，等．本土中国社会工作的研究、实践与反思．北京：社会科学文献出版社，2004：380.

上述两种不同认知的争论一直在持续，一方面在笔者看来，那种过于强调具体工作方法而使农村社会工作走向临床社会工作的教学方式可能使社会工作专业的学生识"术"而不悟"道"，会运用很多专业术语和操作技巧，却无助于在现实中找到整体性解决问题的办法。① 但是，另一方面，那种过于强调理论分析、问题阐释、制度反思和政策批判的教学方式又会使学生陷于"坐而论道"，知晓很多道理但却缺乏实操能力，同样于事无补。

农村社会工作课程的教学内容，需要双管齐下，农村社会的方方面面如何相互关联、互相影响，这种整体性的、结构性的宏观视野和理论原理必须熟悉，同样，实际工作方式、操作技能也必须掌握。最终，使二者在实践中寻求内在融合和辩证统一，才是这门课程的教学所要达致的理想状态。

二、实践环节缺失：当前农村社会工作课程的教学难点

目前国内已经出版的农村社会工作教材中，较为经典的是由中山大学张和清教授主编、高等教育出版社出版的《农村社会工作》，华中农业大学钟涨宝教授主编、复旦大学出版社出版的《农村社会工作教程》，香港理工大学古学斌撰写、社会科学文献出版社出版的《农村社会工作理论与实践》，以及由西北农林科技大学张红教授编著、中国农业大学出版社出版的《农村社会工作理论与实务》。这些著作的共同内容是，介绍农村社会工作的概念、目标、功能、构成要素、历史发展、价值关怀、理论取向与工作环境，然后进入实务内容、过程模式与工作方法。整个教学内容可以分为两个大的部分，一是理论，二是实务，然而从学生的反馈来看，这两个部分在教学过程中实际上存在某种断裂。在交代完理

---

① 很多学生在专业实习时被农民私下里看作"书呆子"，很重要的原因就是教学内容过于强调社会工作的专业规范和技能，以至于学生陷入专业知识的教条主义、本本主义，没有掌握农村社会工作的"底层逻辑"。

论目标后，直接进入实务操作，前者告诉学生要"干什么"，后者告诉学生要"怎么干"，但是，"为什么这么干"却不甚清晰。无论是本科生还是研究生，在一个学期的课程结束后，许多人觉得选择了实务部分所介绍的"罗夫曼三模式"和过程环节的"前期准备、需要界定与介入、后期评估"，便可以实现反贫困及社区发展、社区服务等目标。这种断裂的后果或者说表现之一便是，到了实习期间，面临复杂的实践场景，只能用呆板的项目程序来对接乡村干部和广大农民群众，擅长填表造册，却无法解决实际问题。

但这并不是说，是教材本身存在某种缺憾以至于无法实现教学目的；恰恰相反，上述这些教材中列举了大量的实践案例，正是这些案例材料的实践行动实现了理论关照与实务操作之间裂痕的弥合。由于农村社会工作这门课程的特殊性，当尚无社会生活经历的在校学生没有深度接触实践场景，对具体行动中所要面对的复杂情况缺乏认知时，他们既无从理解理论的重要性及其内涵，也不知在实践中如何选择和应用理论中倡导的思路和模式，更不可能在应对实际困难时活学活用，凭借其掌握的第一性原理在实践中作出创新。

在课堂教学时，尽管老师可以让学生阅读书本中的案例材料，但由于村庄的高度差异性和在当前的时代背景下村庄所具有的高度流变性，学生们往往无法真正理解案例材料中行动方案之所以如此设计的内在原因。例如，张和清教授在云南师宗县的少数民族村庄"绿寨"实施的村庄发展项目中运用了"大家一起写村史"的工作方法，这在民族地区的村庄中对于提升社区自身的凝聚力和文化自信非要重要且有效。可以说，这是开展经济发展项目的前提。但学生在学习时往往只记住了这个案例中的一些情节，并将其视为一种操作技术，成为其所记忆的工具箱中诸多工具中的一种，却对其为何如此设计这一行动方案缺乏理解。类似的行动方案如果放在中部农村原子化的、村庄历史较短因而缺乏社会记忆和家族凝聚力的乡村地区，实施起来可能会效果不佳，甚至是"刻舟求剑"。再比如，张红教授在其著作中提及"农村三留守人员社会工作"的一些具体案例，对农村留守妇女的家庭问题、农村青少年的网络成瘾问题、农村空巢老人的养老问题进行个案及小组工作介入，这样的行动策略在财政实力雄厚、项目资金充足的城郊地区可能具有一定的可行性；但是，对于多数的普通村庄而言，运用在城市社区中常用的这些工作方法，却会勉为其难。因为在人口密度相对稀疏、居住较为分散的农村社区，社工机构无法常驻，社会工作者也不可能有非常细致的分工，他们无法像在城市中那样付出大量的时间精力去单独面对面地解决一家一户的具体问题。实际场景往往是，数量较少的几名社工带着有限的项目资金入驻村庄一段时间，面对着村庄社区中成百上千的农民群众，此时上门做心理治疗的个案工作是非常不切实际的，而召集村民到村委会开展小组工作也很难实施，往往在发完奖品后便一哄而散，此前精心准备的工作内容却无从实施，甚至还会有许多村民因为领到的奖品不均而对社工心存芥蒂。

如何让领略了社会工作价值伦理，带着厚重的理论关切的专业社工在进驻到村庄社区之后有效地开展工作，实际上是一件非常复杂的事情。在目前多数高校的社会工作专业中，课堂教学和专业实习是分开的，从大一到大三学生接受了大量的理论灌输，大四之后直接进入机构或农村社工站实习。由于教学过程中实践环节的缺失，仅仅依靠课堂上、教室中传授的一些工作模式、工作技巧，很容易让学生误入歧途，有些学生会甚至带着"改造村庄"的姿态进入村庄，但在现实中却得不到村民们的信任，被农民视为"高高在上"、不接地气的青涩书生。

三、如何在课堂教学中补齐实践环节的短板

如前所述，农村社会工作课程存在两个相对割裂的板块。在理论部分，基于对弱势群体的关怀和微观社会结构的弊病而出现了功能主义、批判主义、诠释主义、女性主义、发展主义、后现代主义等理论范式，它告

诉课堂上的受众应付诸何种行动；而在实务部分，基于前人的工作积累而形成了程序化的实务模式、工作方法、项目流程、操作技术等，它告诉课堂上的受众行动如何展开。但是，在这两块内容中间，缺乏一个重要的中间环节，那就是为何要如此开展行动，也就是在具体的社会情境中，为何以及如何作出抉择和适切性的策略。宏观的抽象理论只能给出方向，而微观的操作手段只是僵化的专业规范，并不涉及中观层次上的、基于具体场景的村庄实践。而这种关于实践的技能，又是难以清晰言说的、固定化的沉淀下来的知识，其可谓"只能意会、不可言传"，需要在给定的、具体的场域中通过实际操作来不断体验和反思。村庄的地理环境、资源禀赋、产业结构、经济条件、种植类型、就业方式、历史传统、文化积淀、分层结构、居住模式、认同与行动单位等因素，都构成了采取何种行动的前置条件。基于这些前置条件做具体分析，判断社会工作介入的切入口，就显得十分重要。比如，在一个人均收入微薄的贫困村庄，采取提供社会服务的方式来应对各种农村社会问题就会成本高昂而收效迟缓，而且不能从根本上解决，反而容易养成弱势群体的依赖思想。此时须让学生分析村庄的资源禀赋，引入优势视角，通过村庄发展项目和内生合作组织的发育来逐步积累村庄自身的资产，实现可持续发展的目标，这样才能最终通过集体经济的夯实和社区自身的实力来缓解和应对弱势人群的民生问题。但即便如此，如何在文化传统不同因而行动单位各异的村庄中培育合作组织、激活发展项目，仍然是高度灵活、无法清晰传授的内容。因此，农村社会工作的课堂教学必须补齐两个短板：其一是农村社会学基本原理的讲授，诸如村庄社会的性质、农民的公私观念与行动逻辑、村庄社会关联、村庄政治与乡村权威的构成、乡村治理的社会基础与多重动力、国家与农民关系中的复杂互动、资源下乡与项目进村的实践方式、农村基本经济制度尤其是土地制度的系列安排、农业种植及农产品市场的运作方式、农村家庭结构的转型、农民价值观与乡村伦理的变迁等系列内容，都需要在课堂上向学生普及。① 只有在中观层次上理解了乡村社会的运行逻辑及其秩序基础，才有可能将抽象的价值关怀落实为适切、可行的干预方案。这些内容的讲授，能够将乡村场景具象化，大大缩短学生进入田野中实习操作时的适应期。其二是设法突破当前课堂授课方式的限制。如前所述，由于课堂讲授与实习/见习环节的分离，学生得到的是僵死的知识而不是基本原理，而到了实践中突然遇到真实世界中的复杂场景又束手无策，在解决问题过程中作出失败尝试后，他们得不到教师的指导，只能凭自身的热情和悟性前行，成长的空间十分有限。同时，教师也难以及时得到学生在具体场景中如何分析、判断和选择的反馈，往往等实习结束，绝大多数学生在遭受挫折和打击之后已经兴味索然，根本难以回忆起当初究竟遭遇了何种问题，只剩下一些负面的情绪。

当前面临的实际困难，难以在有限的课时中预留足够的时间让学生进入田野。高校教务部门为了教学秩序便于管理，不太可能让一门课跨越两个甚至多个学期，授课一段时间后进入现场，实习一段时间后再重回课堂，如此反复。大四学年的实习是一种综合实习，难以与具体的课程相结合，而且学校出于经费问题、安全问题、交通后勤等问题的多方面考虑，也不可能让学生成规模、成批量地在相对偏远的农村地区集中实习、完整地运作一个项目。对于研究生而言，上述问题尚可应对，但在后疫情时代，上述教学方式亦成奢望。

农村社会工作教学方式的创新，必须正面以上挑战，在现实条件的限制之下尽力弥补实践环节缺失的遗憾。武汉大学贺雪峰教授一直以来都在倡导"在野之学"②，他所提倡的田野教学近年来取得了巨大的成功，在农村社会学领域培养出一批既具有理论素养又具备经验质感的青年学者。在他看来，通过具体情境中的现场教学，能够让学生快速理解复杂的抽象

---

① 上述内容可参考温铁军、曹锦清、贺雪峰、张晓山、吴重庆、王晓毅、朱启臻、卢晖临、吴理财、毛丹、张玉林、董磊明、熊万胜、鲁可荣、陈柏峰、吕德文、杨华、郭亮、桂华、王德福等学者的著作。

② 贺雪峰. 在野之学［M］. 北京：北京大学出版社，2020.

理论并让这些理论不至于脱离实际经验。而其之所以成功的秘诀，一方面是让学生长期坚持理论阅读和经验调查，另一方面则是坚持了"研究性学习"，也就是让学生基于具体问题自己去书本中探寻答案，又再次去实践中证实或证伪。如此不断往复穿梭，能够达到极佳的效果，让学生快速成长。贺雪峰教授倡导的这种模式完全可以被移植到农村社会工作领域，区别只在于，学生的学习任务不再是通过田野调查来理解村庄并进行知识生产，而是在田野场景中领悟理论并进行实践操作。农村社会工作课程的教学安排，在现实条件的制约下难以让学生长期跟踪和操作某个具体项目，但却可以让学生短期内置身田野，在两到三周的时间内完成村庄调查，收集现场数据，整体性地感知村庄的具体情境和内在关联。同时，结合现实场景，给出问题，让学生带着问题自主思考，查阅文献资料，作出方案设计。虽然无法完整地实施完一个具体的项目，但却能在现场根据实际情况作出分析判断和理论应用，及时收到教师现场给出的反馈和建议。在此基础上，重新返回课堂，进行集体讨论和研判，其效果相当于在课堂上给出了一个真实而具体的时空环境，让学生开动脑筋，主动学习。课程结束之后，学生能够带着疑问和纠结回到村庄中，通过与基层干部和农民群众的广泛接触来验证自己的想法是否合理，是否适当。

尽管课程进行期间的田野实习时间被压缩到了极限，难以深入地做完村庄调查和实践项目，但教师仍然可以在短期田野考察的基础上于课堂中模拟和再现出整体场景；有些场景可以根据学者以及实务工作者的实践案例给出，由于存在前述的田野调查建立的经验质感，学生的思维还是能够做到紧扣经验基础，不至于无的放矢、无处着力。

四、"田野教学+研究性学习"的课堂尝试

笔者从 2013 年开始接手农村社会工作课程的教学，经历了依赖教材照本宣科，到引入实证材料进行案例讲解，再到利用课余时间带领学生开启短期田野考察和实习，直至目前定型为"田野教学+研究性学习"的课堂

尝试。

在 2013—2015 届社会工作专业的课堂上，笔者主要通过收集消化国内农村社会工作的主流教材和研究成果来对学生进行传授，但学生在平时作业和期末考试中反馈出的结果不佳，他们仍然像学习其他一些人文学科的课程一样，通过记忆、背诵核心概念、理论框架和操作要领来应付考试，尽管能够获得较高的分数，但在回答一些案例设计题目时，给出的答案却非常不理想，缺乏生活常识，有的设想甚至离谱到毫无可操作性的地步。从 2016 年开始，笔者有意识地在课堂传授的知识性内容中加强农村社会学基本原理的推介，同时把教学重点从过去的记忆性的内容转化为典型案例的讲解，平时作业和考试内容以案例评述和方案设计为主，强调应用性和灵活性。课堂上涉及的经典案例包括张和清教授团队在云南平寨与广州从化的项目实践、史铁尔教授在湖南湘西与古丈等地的项目实践，以及江西万载县开展的农村社会工作项目案例。在针对 2017—2019 级社会工作专业学生的教学内容中还添加了许多之前并不被定性为农村社会工作的案例材料，比如中国乡村建设研究院李昌平团队在河南信阳、贵州桐梓和湖北鄂州等地开展的村庄内置金融合作项目，中国农业大学李小云教授团队在云南勐腊县河边村开展的反贫困实践项目等。这些实证案例和具体等项目实践都有其特殊性，"可以被模仿，很难被超越"，因为实践项目的模仿者其实无法像这些案例的发起人那样获得得天独厚的资源。但是，这些多样化的案例向学生展示了不同的农村社会工作思路，从依托党委政府进行精准扶贫的结构主义路径，到社工机构和乡村建设团体开展城乡合作项目、内置金融合作项目的行动主义路径，再到高校学者推动乡村文化转型实验的文化主义路径等，学生看到了运用农村社会学基本原理开展农村社会工作实践的多种可能性，在前人的实践中他们能够更加真切地领会到从事这项工作的村庄背景、政策环境和制度框架，以及行动者和政府官员、基层干部、农民群众和各类市场主体（包括农业公司、合作社、集体企业）之间的多重互动，这比他们仅仅靠教材和文献资料来完成的学习效果要好得多。

　　从 2020 年开始，笔者利用在浙江诸暨、永康、武义等地做农村社工站实习督导的机会，带领学生开启了短期田野考察的尝试，开辟第二课堂，并将这一田野课堂与课程教学贯通起来。在完成了课堂部分的理论视角、实务流程和农村社会学一般原理的讲授之后，让学生进驻到农村社工站，积累实务经验、形成专业能力，内化课堂上讲授的价值理念。学生进入田野之后，不能仅仅让他们作为一个螺丝钉来发挥作用，扮演"工具人"的角色，从事一些公益创投项目的申报填表、活动开展、事务记录、财务报账等具体事务，而是给他们布置具体的"问题"，让他们带着问题进入工作环境，不断开动脑筋。比如，在诸暨市枫桥镇农村社工站的实习中，让学生们思考的问题是如何在发达地区的村庄中培育发展社区社会组织，提高社区社会组织服务能力；如何提升社区社会组织在地域分布、服务对象、业务领域等方面的覆盖面和志愿服务参与度；如何细化培育扶持、发展质量、内部治理、服务开展等方面的工作。笔者注意到，学生们接收到各自的目标任务之后，主动开始了高强度的资料搜集与学习消化，他们学习的内容大大超出了课堂讲授的范围，老师在课堂上的教学内容，成了他们查找资料、主动学习的一种索引。例如，2021 届学生在培育农民专业合作社时非常焦虑的一件事情是，这些习惯了家庭生产和家族关系的农户在组建的合作社中无法成功地开会，大家都想靠比拼经济实力成为其中的权威，然后靠这种权威来行使意志，而不是靠开会讨论、平等协商来达成共识。于是，笔者便在与他们的远程视频教学中讲授了"罗伯特议事规则"①，并推荐他们找到相关的资料来阅读。参与项目的七名同学便通过挤压休息时间完成了学习，并在此后的项目开展过程中积极尝试，通过转变开会方式，倡导主持人中立原则，细化发言流程、次序与规则，投票决定出具体方案等方法，逐渐扭转了此前的开会困局。

　　这种在田野中布置研究性议题，让学生主动思考并与教师及时互动的

---

① 罗伯特议事规则（第 10 版）[M]. 袁天鹏，孙涤，译. 上海：上海人民出版社/格致出版社，2008.

方式大大提升了学生的学习动力和学习效果，同时，教师也可以根据学生的需求反馈拓宽和强化教学内容。这种通过学生在现场亲身参与的实践活动（包括观察、调查、访谈、试验、设计、制作、评估等）中产生具体问题、探究知识、得出结论、形成心得体会的方式，相比于由教师将现成的知识、结论通过传递式教学直接教给学生，效果有了质的不同。

在这个不断尝试教学方式改革的过程中，笔者发现，农村社会工作的专业教育是实践取向的教育，实务教学与能力提升需要采取提供现场环境和学生主动探究的方式来完成。探究是人作为高等动物的本能，是学生了解和认识世界的重要途径；通过亲身实践感知的理论知识是学生在探究过程中的一种主动建构，是学生真正理解、真正相信并且真正属于学生的知识；探究对学生的思维构成了挑战，有利于思维能力的培养；探究过程要求综合运用已有的知识经验，有利于学生将所学知识加以整合，也有利于学生学以致用；研究性学习有利于保护学生的好奇心，对于兴趣和个性的培养至关重要；探究有利于培养学生尊重服务对象、理论结合实际的求实精神和态度；探究有利于促进学生学会合作、交流、倾听、批判与反思，从而为民主品格的形成打下坚实的基础。在设计方案并尝试运行的探究过程中，学生将会经历挫折与失败、曲折与迂回、成功与兴奋。这种学习经验是他们理解社会科学的本质与精神的基础。因此，研究性学习引导学生自主获得知识或信息，对于学生学会学习、终身学习和可持续发展具有重要意义。

"田野教学+研究性学习"的尝试证明，这种从课堂到田野再回到课堂的教学方式，极大地引发了学生的学习热情和动力。他们在此后的大四/研三的综合实习中仍然保持了这种探索精神并在具体项目中付诸实践，在课程结束后仍不断与教师互动，一些学生甚至在毕业之后全身心投入农村社会工作，真正达到了将教学内容内化并成为人生职业选择的效果。

五、实践教学环节创新探索的反思

农村社会工作课程是社会工作专业的核心课程，主要目的是使学生认识农村社会运行的特征与规律，熟悉农村社会工作的主要内容、组织架构与政策环境，掌握农村社会工作的基本方法、模式与技巧，理解农村社会工作的理论取向，激励学生在农村社会工作中将理论与实践紧密结合起来，创造出适合地方特色的农村社会工作情境模式。课程教学目标包括：第一，提升人文精神，培养"以人为本、助人自助、公平正义"的专业伦理和职业道德，能够以整体性视角观察和分析农村社会现象，致力于推动乡村社会的和谐与发展；第二，提升理论素养，让学生掌握农村社会学和农村社会工作理论及社会调查研究方法，以及乡村治理的方针政策、法律法规，熟练掌握农村社会工作方法与技巧，能够开展农村社会调查与社会服务、社会政策研究与社会工作项目开发；第三，强化学生的实务能力，发挥省属高校在服务地方经济社会发展、促进地方治理水平提升方面的积极作用，使学生能够胜任在乡村基层组织以及各类社会团体中从事社会组织机构管理、政府社会事业管理、社会服务项目的管理与实施、社会规划与社区治理、社会工作督导与评估等工作。为了实现上述目标，笔者十年来一直在摸索和尝试，并逐渐将课堂延伸到田野中，并在田野现场开启研究性学习的教学方式。这一探索经过实践中的尝试，取得了一定的成效。尽管如此，这一教学方式在现实中仍面临重重阻力：

首先，"田野教学+研究性学习"的教学方式需要有充足的经费保障和制度保障，仅仅依靠教师个人的课题经费和学生的自费付出实际上很难持续；而且一旦面临人身安全问题、心理抑郁问题，教师的责任十分重大。毕竟这种田野教学只是课堂教学的延伸，而不是单独的综合性实习，得不到学校相关制度的保障。

其次，这种教学方式如果要长期稳定地运行下去，需要有固定的实习基地作为支持，但实践教学基地的培育不仅需要有相应的住房安排、物资设备，更需要有学校和地方政府、村两委的密切合作，这些事务仅仅依靠课程负责人一人之力是无法完成的。

再次，这一教学方式要求打通课堂教学时间和学生的课余时间，需要学生在课后付出极大的精力来完成教师布置的研究性学习任务，对于那些有志于从事社会工作事业的学生而言，这固然不是问题；但现实依然是，相当一部分学生基于目前社会工作者就业环境、工资待遇、社会保障等因素的考虑，并未打算全情投入，因而这种教学安排就会受到他们的抵制。由于村庄场景中研究性的议题不可能大范围展开，学生们的时间精力和能力也相对有限，因而这种研究性学习的任务往往是以课题小组的方式来开展，在这种情况下，那些对此有抵触情绪的学生就会采取"滥竽充数"的策略获得学分。也就是说，田野教学的成效评估也是一个需要不断完善的过程，既需要尊重学生的想法，不能加以强制，同时也不能过分妥协，而是要加以引导、说服，其中的平衡感难以把握。总之，这需要学科和专业根据实际情况出台相对明确的规定和办法。

最后，这种教学方式对教师本人提出了极高的要求，倘若教师出现健康问题或工作调动，这一教学方式也很难持续下去。因此，有必要成立一个有年龄梯度的教研团队，必须将提升青年教师的教学能力和实习指导能力提上议事日程。

六、结　　语

中国农村社会工作从 20 世纪 80 年代重启了本土化的探索，至今已近40 年。从演化趋势来看，其惠及的群体越来越广，事业规模越来越大，专业社工的培养数量也越来越多，但从所使用的工作方法来看，越来越具有侧重于提供社会服务和个体治疗的临床化倾向。当此之时，我们在农村社会工作的专业教学中必须有所警醒，不能在农村社会问题的性质判断中将问题归因个人化，也不能将村庄看作充满问题的病态乡村，而是要致力于挖掘村落的潜在资源和价值活化。在这个前提下，就需要赋予这些未来的社会工作者以中观的社会结构视角，以村庄结构再造的方式来改变弱势群体的处境，而不是传授针对微观个体的诊疗技术。这就要求教师在日常教学中强化农村社会学基本原理的讲解，同时，基于村庄高度差异化的实践场景运用上述基本原理来设计行动方案，提升实践能力。因此，打破常规课堂的限制，给学生提供实践环境和及时指导就成为教学必需。笔者在浙江师范大学社会工作系的教改探索显示，"田野教学+研究性学习"的方式能够较好地实现教学目标，卓有成效地提升学生的专业素养和实践能力，在积极主动的自主学习和问题探究过程中将理论原理应用于经验现实。

农村社会工作教育的本土化探索是决定社会工作是否能够与中国国情、与乡村振兴的具体实践相结合，是否能够实现专业的可持续发展，是否具有长久生命力的关键。笔者希望自己正在探索的教学改革能够在将来进一步深化和展开，并于某种程度上在高校的社会工作专业培养中推广开来，起到更好的效果。当然，这需要社会各界和学界同仁的鼎力支持，拙文只是抛砖引玉，期待能引发广大社会工作高等教育的一线从业者和实践者的共鸣、讨论与行动，以此推进社会工作本土化。

参 考 文 献

［1］古学斌．本土中国社会工作的研究、实践与反思［M］．北京：社会科学文献出版社，2004.

［2］古学斌．农村社会工作：理论与实践［M］．北京：社会科学文献出版社，2018.

［3］李小云．贫困的终结［M］．北京：中信出版集团，2021.

［4］李昌平．村社内置金融与内生发展动力——我的36年实践与探索［M］．北京：中国建筑工业出版社，2020.

［5］梁漱溟．乡村建设理论［M］．上海：上海人民出版社，2006.

［6］蒋国河．中国特色农村社会工作：本土化探索与实践模式［M］．北京：社会科学文献出版社，2017.

［7］民政部社会工作司．农村社会工作研究［M］．北京：中国社会出版社，2011.

［8］史铁尔，等．农村社会工作［M］．北京：中国劳动社会保障出版社，2015.

［9］张和清，杨锡聪．社区为本的整合社会工作实践：理论、实务与绿耕

经验 ［M］. 北京：社会科学文献出版社，2016.

［10］ 晏阳初. 平民教育与乡村建设运动 ［M］. 北京：商务印书馆，2014.

［11］ 杨晖，江波. 农村社会工作：实践与反思 ［M］. 西安：西安出版社，
2007.

［12］ 郭占峰，李卓. 中国农村社会工作的发展现状、问题与前景展望
［J］. 社会建设，2017 （2）.

［13］ 郭伟和. 体制内演进与体制外发育的冲突：中国农村社会工作的制
度性条件反思 ［J］. 北京科技大学学报 （社会科学版），2007 （4）.

［14］ 桂华. 市场参与视角下的农村贫困问题——贫困类型、地区分布与
反贫困政策 ［J］. 南京社会科学，2019 （7）.

［15］ 刘军奎. 村庄本位：中国农村社会工作的推进导向 ［J］. 中国农业
大学学报 （社会科学版），2017 （3）.

［16］ 钱宁. 文化建设与西部民族地区的内源发展 ［J］. 云南大学学报
（社会科学版），2004 （1）.

［17］ 史铁尔. 社会工作实践教学探索 ［J］. 社会工作，2007 （4）.

［18］ 万江红，杨霞. 底层视角下的农村社会工作实践反思 ［J］. 社会工
作，2014 （1）.

［19］ 王思斌. 我国农村社会工作的综合性及其发展——兼论"大农村社
会工作" ［J］. 中国农业大学学报 （社会科学版），2017 （3）.

［20］ 温铁军. 中国大陆乡村建设 ［J］. 开放时代，2003 （2）.

［21］ 张和清. 优势视角下的农村社会工作——以能力建设和资产建设为
核心的农村社会工作实践模式 ［J］. 社会学研究，2008 （6）.

［22］ 杨发祥，闵慧. 中国农村社会工作发展探析 ［J］. 福建论坛 （人文
社会科学版），2011 （1）.

基于问题为本（PBL）模式的
社会工作课程教学改革探索

——以"个案工作实务专项"课程为例

杜妍智

问题为本（problem based learning，简称 PBL）教学模式是以建构主义为基础，尝试脱离传统以学科为本的综合学习模式。它认同知识的建构性，认为知识是个体在情景中，利用各类资源，通过协商交流实现自我建构的产物。① 这种教学模式源自医学教育领域，强调以"问题"为核心，并将问题作为发展学生临床解决问题技巧以及加深对问题理解的手段。该模式认为学习是一个教师指导学生参与问题解决、习得知识和技巧的一个过程，注重的是学生学习自主性的提升、实际解决问题能力的增强以及创造性思维的培养。②

社会工作专业秉持"助人自助"核心理念，社会工作教育以培养学生的专业价值观、令其掌握专业理论并能运用专业方法开展社工服务为目标。作为社会工作的基本方法之一，个案工作是一项专业的助人活动，它要求社会工作者在一定的价值理念指引之下，运用科学的理论知识和技术

① 陈燕. 问题导向式教学的模式建构 ［D］. 重庆：西南大学博士学位论文，2013，11.

② Lester, F. K. &Charles, R. I. Teaching Mathematics Through Problem Solving ［M］. Reston, Virginia：National Louncil of Teachers of Mathematics, 2003；ix-xvi.

方法，以个别的方式帮助有需要者解决和处理所面临的困难和问题。① "个案工作实务专项"课程作为社会工作专业的一门实务课程，其教学目标旨在实现学生在个案领域的知识及技巧的切实掌握，强调的是能够实际解决问题的个案实务能力的提升。PBL 教学模式的理念与个案工作实务课程的教学理念与价值观有共通之处，其教学设计与开展的过程也与个案实务领域的开展有相似之处。因此，本文尝试以 PBL 模式的运作模式和逻辑理念，在"个案工作实务专项课程"教学中进行课程改革与探索。

一、PBL 课程教学改革目标

PBL 模式随着研究深入有着多种定义描述，但在这些不同描述中具备一些共性，即以问题为中心，通过问题情境的设置，在教师的指导下，学生自主或以小组形式开展自我导向性的学习，实现自我知识的建构。在问题解决的过程中，促使学习者运用各种方法和技能搜集研究信息，引导学生进行探究解决问题，挖掘其潜能是其最终目的。

同时，个案工作自西方引入我国课程体系之后，其课程教学方法在数十年间已有不断的改革与创新，其中包含互动式教学模式、案例教学模式、多向价值视角对话教学模式、体验式教学模式等②，这些教学改革方式的推进为讲授好个案工作课程起到了重要的促进作用。但同时，以教师讲授"灌输式"为主的传统课堂教学模式依旧存在。此类课程设计大多遵循一些普遍的准则，比如偏重技术理性，强调专家系统，忽视本土的实际社会脉络。授课方式较为单一，一般以讲授为主，间或配合小组讨论及提问等辅助教学手段。教师讲解多，学生实际训练少；西方理论介绍多，本土经验少；通过考试以督促学习和记忆课程知识。这些问题的普遍存在，一是导致学生学习主动性不够，参与课堂教学活动受限；二是导致学生以

① 许莉娅，童敏．个案工作［M］．北京：高等教育出版社，2013：1-10.
② 王薇．"互联网+课程思政"视域下的《个案工作》教学改革研究［J］．内蒙古财经大学学报，2020，18（5）：56.

背诵记忆得高分为主要目的,从而忽略实务技能的提升;三是导致学生缺乏价值理念的认同及内化。

基于此,在本次的教学课程改革中,目标设定如下:

(一) 以"问题设计"为驱动,提高学生学习的主体积极性,促进课堂参与度

在此次课程教学改革中,依据 PBL 模式以问题设计为驱动的特点,教学内容的设计将结合个案社会工作通用进程模式,设计出从接案到结案不同阶段的情境设置中的具体问题。学生在整个学习过程中伴随着理解和解决问题。在这一个过程中,学生成为知识习得的主动获取者,教师的角色则从一个讲授者变成一个辅助者和支持者,学生怀抱着强烈的求知欲积极参与个案工作实务课堂学习,并在原有认知机构基础上对所学内容进行加工、构造,进而获得新的知识。

(二) 以"问题解决"为手段,增强学生的个案实务能力

在 PBL 模式看来,问题解决是教与学的目的,也是学生融入社会生活的必备技能。问题解决是目的,同样也是手段。在问题解决的过程中,学生在模拟情境或真实情境中去实践个案工作实务中的通用进程模式,了解如何完成个案实务从接案到结案的整个流程,如何面对案主开展会谈,如何依据实际情境选择运用个案工作的各种介入模式。整个实践过程同时也是一个"问题解决"的过程,学生在学习实践过程中,发现问题、解决问题、反思问题。与传统的以讲授为主的个案工作课堂不同,通过提升学生的问题解决能力,切实增强学生的个案实务方法与技巧是此次课程教学改革的一大目标。

(三) 以"问题情境"设置为背景,促使学生在自我导向性学习中主动建构知识、内化专业价值理念

PBL 模式认为,创设问题的情境能够唤起学生解决问题和获得知识的

欲望，学生在进行小组合作、自主探索基础之上习得技能，建构自我价值与知识，并能有助于培养创造性、批判性的高层次思维。社会工作是一门充满了"价值"与"道德"意义的实践学科，价值理念是确定社会工作专业使命或目标的依据，也是社会工作专业教育中的核心内容。① 个案工作的基本价值理念包括平等、个别化、尊重与接纳等。专业价值理念的内化则需要学生在实务场景以及个人的生活中，经过自主反复行为实践最终内化为自身的价值观。因此，此次课程教学改革的一个目标就是通过学生在"问题情境"中的实务中建构主体知识、内化专业价值观。通过此方式，学生对于个案社会工作的专业价值观的认知不再是冰冷生硬的口号式的书本知识，而成为自我建构的主体认知与实践之中的内化价值。

二、PBL 模式课程教学改革设计

（一）教学设计的基本原则

PBL 模式是一种建构式的学习模式，此次教学设计中遵循了以下四个基本原则：

第一，学生是学习的主体核心，是自身知识的探究者与建构者。在学习的过程中，学生需要针对问题的解决，与同伴、教师、多方资源间进行创新性的交流，融合情境问题，积极参与并反思自身的整个学习过程。

第二，以"问题"组织学习过程，促成学习发展。在 PBL 模式中，"问题"是问题导向式教学的核心和出发点。在课程教学改革中，通过模拟情境设置以及实际情境背景，依据个案工作实务教学的通用进程模式，提出问题、解决问题，且贯穿于接案到结案的每个阶段。

① 钟莹. 理念、知识与实践相结合的个案社会工作教学模式探索 ［J］. 浙江万里学院学报，2006，19（4）：116-117.

第三，同伴之间的学习是知识习得的重要途径。在此次教学改革中，学生以三人小组的形式成队，组间、组内的协商是小组学习中重要的一环。组员通过分享、讨论与反思，以熟悉技巧与方法、内化价值观。

第四，教师的角色是组织者、引导者和合作者。在此过程中，教师告别传统的讲授型教师角色，不再是单向的知识传授，而是担负起情境设置、问题引导、督导等多重任务。

（二）教学设计的环节及步骤

问题式学习与个案工作的实务过程具有一定的相似性。PBL 教学模式强调建立关系、提出问题、分析问题、提出解决问题的途径，最后进行整体的评估、反思汇报等。个案工作的实务过则包含建立关系、资料收集及问题分析、确立目标并制订计划、执行服务计划、总结评估等通用过程模式。基于此，研究者在近几年"个案工作实务专项"课程教学上采用 PBL 教学模式，引入课堂案例辅导教学和课外实践教学相结合的方式，嵌入个案工作实务通用过程的各阶段教学实践。在课堂案例辅导教学中，通过精心构思教学模拟场景及问题设计，学生合理分组，发现问题、提出问题、解决问题；在课外实践教学过程中，通过了解服务对象需求，设计服务方案并开展个案服务，在督导与评估中不断发现问题、提出问题、解决问题；在课外实践教学过程中，通过了解服务对象需求，设计服务方案并开展个案服务，在督导与评估中不断发现问题、解决问题，从而加深对个案理论的掌握，提升个案实践能力（具体见表1）。

三、PBL 模式课程教学改革的实施策略

个案工作课程分为理论与实务两大模块，分别为"个案工作理论"与"个案工作实务专项"两门课程。"个案工作理论"课程旨在帮助学生了解基本的个案理论，"个案工作专项实务"旨在帮助学生提升实务能力。此

教学模式基于学生已基本掌握个案理论的前提下，为切实提升学生个案实操能力，设置成课堂案例辅导教学与课外教学实践两大块。

表1   **PBL 模式结构**

教学模式	课堂案例辅导教学（1）	课外实践教学（2）
建立关系	案例设计、模拟场景（学生分组、教师讲解）	熟悉服务对象、收集相关资料（学生分组）
提出问题	评估案例、寻求问题（教师设计）	对服务对象进行评估，寻找问题（学生分组实践、教师督导）
分析问题	收集资料、小组讨论（学生小组）	收集资料、分析资料，确立服务计划书（学生分组实践、教师督导）
实施计划	角色扮演、报告答辩（学生小组）	链接各方资源，开展个案服务（学生分组实践、教师督导）
评估反思	小组分享、班级讨论（学生、教师共同总结反思）	结案、撰写个案报告、评估报告

（一）课堂案例模拟教学阶段

此阶段教学时间为 6 周，18 个课时，教学内容依照社会工作通用过程，设计并提供了 1 个教学案例、6 条教学情境主题信息、17 项工作任务，按照工作过程整合、序化教学内容，科学设计学习性工作任务，理论与实践一体化（见表2）。对于情境的处理，需要学生三人为一组，通过协作的方式找到合适的处置方法，依据 PBL 教学原则，教师只提供引导而不提供唯一的答案。

表 2 　　　　　　　　　　　　　**PBL 模式课程教学改革设计**

通用过程阶段	问题情境	问题设计	问题解决
接案期（3 课时）	案例实训模拟情境一	接案准备工作；接案面谈；收集资料；接案记录	三人一组，一人为案主、一人为工作者、一人为观察者。采用阅读、讨论、角色扮演等方式教师进行引导
预估期（3 课时）	案例实训模拟情境二	案主的问题和需要；预估案主个人系统；预估案主环境系统	同上
计划期（3 课时）	案例实训情景三	设定目标 制订行动计划 签订服务协议	同上
介入期（3 课时）	案例实训情景四	信息提供 建议参考 改善自我对话	同上
结案与评估（6 课时）	案例实训情景五	过程回顾 巩固案主改变 未来成长目标 结案报告 过程评估 总结评估	小组总结分享 小组报告展示答辩 班级汇报讨论

（二）课外教学实践阶段

在完成前 6 周相关课堂教学的基础之上，依据教学改革研究设计，后 10 周共 30 课时在校外实习基地开展实践教学。学生以三人为一小组，选择自己感兴趣的实务领域（分为学校、老人、儿童），在经过相关背景知识与心理准备之后进入对应实习基地，选择案主，进行需求评估，设计服务计划，开展服务。在此期间，学生作为学习实践主体，依据 PBL 原则，发现问题、提出问题、解决问题，实现理论与实践相结合（见表3）。其间，由相关社工专业老师、实习基地老师、MSW（社会工作专业硕士）学生组成督导团队，为实践学生提供督导支持。督导实现集体督导与个人督导，现场督导与课堂督导相结合，每两周进行一次课堂集体督导，随时为有需要的学生提供个人督导（见表4）。

表3 　　　　　　　　　　**PBL 原则下课程方案**

准备阶段（3课时）	选择服务对象、文献研究、前期调查、与服务对象建立关系	服务对象分为在校学生、福利院儿童、福利中心老人，依据学生志愿选择
问题提出（3课时）	收集资料、预估、提出问题	课堂讨论
分析问题（3课时）	设计服务计划	课堂汇报、督导负责
解决问题（15课时）	执行服务计划，开展具体服务	每周现场督导，每两周一次集体督导。此过程亦是不断发现问题、解决问题的过程
评估与反思（6课时）	结案、总结与评估	

表4 　　　　　　　　　　**PBL 模式下教学督导流程**

学校督导老师：三位（每大组一位）机构督导老师：每机构一位	MSW 学生督导：三位（每大组一位）	受训学生三人一小组，9~12人为一大组，分为三大组。每大组有一位负责队长

四、PBL 模式课程教学改革效果及教学特色

通过课堂内外的研究应用，研究者发现 PBL 模式在课堂教学效果及学生个案实务能力提升上有着很好的效果。同时，也存在着一些值得关注的教学特色。

（一）PBL 模式应用的积极效果

1. 学生课堂参与积极性提高

通过三人小组的安排方式，运用讨论、分享等形式，使得每位学生都积极参与进来；运用情景模拟、角色扮演等形式，使得课堂教学更加真实、生动，避免了老师一味讲授的枯燥性，提升了学生的学习兴趣。就笔者在三个班级的授课情况来看，学生缺课情况极少出现，每次课堂都很好地体现了师生、生生之间的互动。

2. 学生对于社工专业价值理念有更好的领悟与应用

通过角色扮演、情景模拟的形式，以及课外资料的扩展阅读和实践基地的运用，帮助学生更好地去体会不同于自身背景的案主的身心状态，更能体味案主的处境，实现社工中非常重要的"同理、尊重"案主的专业原则，同时也提升了学生的团队合作能力。

3. 学生个案技巧的训练与提升明显提高

通过课堂案例模拟，将个案技巧序化显示，学生能在小组中演练，从而发现问题、解决问题，落实每个个案技巧的练习与运用，个案实务能力得到了很大的提高。正如学生 A 在所交的个案日志中写道："通过这个学期的学习，特别是后期在机构的实践中，我发现自己慢慢从紧张到适应，从不熟练到熟练，原先在课堂中练习的技巧不知不觉中就运用了出来。这

种感觉真好。"

4. 社工专业知识的本土化

在课程校外实践环节，学生接触到实际情况，带着问题行动，在行动中解决问题，很好地避免了知识书本化理论化的现状，让学生更加去关注社会实际，实现理论与实践相结合，促进专业知识的本土化。

（二）PBL 模式应用中值得关注的教学特色

1. 合理分组

PBL 模式一般使用小组教学，注重团队间的合作，因此合理分组十分重要。在本文研究中，分为三人小组和以三人小组为基础的三大组。三人小组中分为三个角色，分别为观察者、社工和案主，练习时互相交换，确保每位同学都能在不同角度得以练习或审视问题。三大组则以不打破三人小组为基础，根据学生的意愿选择不同服务对象，分为不同大组，大组之间同样可以互相交流支持。

2. 案例及问题设置

PBL 模式以问题为本，强调在发现问题、解决问题过程中得以学习，因此案例及问题的设置十分重要。案例选择需考虑现实性，而不是随便编造，且能让学生理解；问题设置则需要紧扣知识点，以助练习个案的每个环节及技巧。在本文研究中，课堂模拟教学内容依照社会工作通用过程，设计并提供了1个教学案例、6条教学情境主题信息、17项工作任务，按照工作过程整合、序化教学内容，编制成一本教学实训手册。相较于学生自行设计案例，则显得更加严谨及全面，且有助于全班讨论。

3. 师生角色转变

在 PBL 模式中，多使用小组学习以及重视同学之间的交流，学习的责任在学生身上而不是教师身上，教师的角色从一个讲授者变成一个辅助者和支持者。在课堂教学中，对于课堂情境的处理，学生通过团体协作的方式找到合适的处置方法，依据 PBL 教学原则，教师只提供引导而不提供唯一的答案。同样，在后 10 周的教学实践项目中，教师担任督导的角色，学习实践主体仍是学生。当然，教师要提供积极的指导和支持，以及对于学生分享的及时回馈，以提高学生的积极性；否则，容易造成学生学习热情的挫败。

4. 督导体系建构

在 PBL 模式里，学习实践的主体是学生，教师应该转换为社会工作督导身份——分享实践经验感受，解释疑惑，指导工作，促进发展，支持其做好工作。在本文研究中，督导老师团队整合了专业教师、机构指导老师，以及部分能力强的 MSW（社会工作专业硕士）学生作为学生督导，共计 9 位督导老师，并且分领域展开有针对性的督导，这在一定程度上解决了教师督导力量不足的问题。此外，在校外实践中，每两周展开一次集体督导，实现集体督导与个人督导相结合。同时应注意督导能力建设，这样才能保证督导效果。

五、PBL 模式课程教学改革反思

（一）加强教学内容安排的合理性与系统性

"个案工作实务专项"课程作为一门实务课程，是基于"个案工作"理论课程的基础之上；学生在实际情境中开展个案实践是基于课内案例模拟实操之后；基于 PBL 模式课程教学改革的实行，强调的是发现问题、解决问题的一个过程。因此，在课程开展教学时要对教学内容做好充分把握，特别是在教学内容安排的合理性与系统性上。合理性体现在问题情境的设置，无论是在案例模拟阶段还是实际场景阶段，问题的设置与提出都需要符合实际以及学生的掌握程度，使学生能够有信心积极参与问题的解决；系统性体现在课程设置以及教学难度安排的衔接性及阶梯性，即课程内容要实现理论与实务课程的恰当连接，从个案实务的基本技巧到能够完整把握践行整个个案流程，教学内容编排遵循从易到难。

（二）加强实务教学督导的全程性

PBL 模式以建构主义为基础，注重的是学生学习自主性的提升，教师的角色是组织者、引导者和合作者，集合了情境设置，问题引导、督导等多重任务。这种模式能够充分调动学生学习的主动性；但此教学模式要求个案工作讲授教师有超强的课程节奏把握能力、实践操作能力以及督导能力。该课程的课堂教学环节有相应模拟实践任务，实践教学环节则需要学生在一线开展个案服务，督导任务贯穿全程。因此，包括机构督导、学校督导等在内的督导团队，在课堂教学及实践教学的各阶段，应全程及时回应学生的问题，开展督导的支持、指导以及反馈的任务，与学生一起面对问题、解决问题、反思问题。

（三）加强教学组织方式的适应性

PBL 模式强调同伴之间的学习是知识习得的重要途径，组间、组内的协商是小组学习中重要的一环。传统的教授型的教学组织方式并不适应PBL 模式的开展，小班化教学、小组协作等教学组织方式更加适应问题为本的教学模式。据此，一方面应该控制班级人数在 30 人以内，以确保每位学生都能有讨论发言的机会，督导亦能及时回应其需求；另一方面学生以三人小组的形式成队，组员之间彼此学习、互相支持，通过分享、讨论与反思，熟悉技巧与方法、内化价值观。此外，还需要保证辅导过程记录的完整性。全程式的过程记录能够再现辅导情景，课堂中可采用录像方式，课堂外实践可采用文字叙述性全程记录。通过过程记录、日志撰写，能够发现问题，以便自我评估与教师督导。

"互联网+"背景下"社会研究方法"课程教学实践与创新

王　建

一、引　言

"互联网+"是知识创新驱动下所形成的全新业态,通过互联网技术与各个传统领域相结合,能够创造出大量的新的发展机会,并推动传统领域的优化升级。在高等教育领域,互联网信息通信技术的迅猛发展,对传统课堂教学产生了重要影响。一方面,"互联网+教学"能够整合线上与线下资源实现跨时空教学活动的开展,有助于推动教育模式的颠覆性革新;另一方面,"互联网+教学"涉及教学组织、教学方式、教学技术等方方面面,对教师的专业能力与学生的学习能力都提出了新的要求。因此,基于"互联网+"开展课程教学实践,对于高校教学组织、教学方式、教学技术等既是一种机遇,又是一种挑战。目前,慕课、微课、创客、翻转课堂以及智慧课堂等已成为高校课程教学改革的重要方面,与此相关的教学模式、教学设计以及教学软件等也随之进入教学领域,这也使得课程学习与教学结构发生了重大变革。

在"互联网+"背景下,"社会研究方法"的课程形态与教学实践过程也有了新的变化。社会研究方法作为社会学与社会工作专业主干课程之一,其与另一门社会学专业主要课程"社会统计学"相结合,共同构成了社会学与社会工作专业学生学习其他更高级研究方法的初级课程体系。作为一门方法课，它在专业课程体系中起着承上启下的衔接作用，不仅能够为社会工作实践提供导向作用、促进本土化社会工作理论的发展，而且能够发展社会工作行政能力，深化学生对社会问题的认识。① 同时，社会工作研究与社会工作实务紧密相关，无论是评估服务对象的需求，还是制订服务计划、评估服务效果、检验和发展本土化的社会工作理论都离不开社会研究作为支撑。② 早在互联网发展的初步阶段，学者们便尝试通过互联网来开展社会调查，包括通过邮件和网络电话来进行问卷发放和在线访谈等。③

数字时代为社会研究创造新的机会。近几年来，计算机辅助访问系统、虚拟民族志、网络访谈、大数据分析与新计算社会学、微信民族志、"互联网+"问卷调查等基于互联网的社会研究方法创新，不仅有力地推动了网络社会研究的深入，同时也使得社会研究方法的课程形态、实践方式与教学模式等发生了变化。④ 互联网已然成为社会科学研究开展调查、获取和分析资料的重要途径。为此，重新思考"互联网+"背景下社会研究方法的课程教学所面临实践困境以及潜在的改革创新，对于社会学或社会工作专业课教学质量的提升具有重要意义。

二、社会研究方法传统课堂教学的实践困境

社会研究方法是社会科学相关专业的本科生专业必修课，是从事社

---

① 马林芳. 论《社会调查研究方法》课程在社会工作专业人才培养中的作用 [J]. 社会工作，2009（4）：33-36.

② 胡莹. "互惠型学习小组"在社会工作课程中的应用——基于《社会研究方法》实践教学研究 [J]. 广东大学学报（社会科学版），2013（4）：66-70.

③ 刘济良，王洪席. "慕课"之于大学教学变革：价值与限度 [J]. 教育研究，2015（8）：61-64.

④ 刘敏. 基于"互联网+"的社会研究方法课程教学实践及其完善 [J]. 教学研究，2020（6）：63-67.

会科学研究的入门级课程。这门课程对社会研究中的理论和方法进行全面系统的介绍，它的内容主要为社会研究的基本原理和具体方法，不涉及复杂的社会统计技术和计量方法。该课程的目的是使学生了解社会调查的一般原则、基本程序和主要途径，掌握社会调查的科学方法，了解社会统计分析的基础知识，通过学习各类社会研究方法提高对社会现象认识的水平和能力，掌握并运用社会研究相关资料的收集、整理、分析和评估的各种方法与技术，了解和熟悉社会研究的基本原理、逻辑策略和科学程序。作为一门以实践为中心的课程，社会研究方法重在指导学生通过社会调查实践来掌握理论知识和资料收集、分析方法，通过各个专题的学习与实践，提高学生发现问题和分析问题的能力，启迪思维，开阔视野，训练科学的学术研究思维，掌握从事社会研究的主要方法和基本路径。但就目前而言，社会研究方法在课堂教学中存在以下几个方面的问题。

第一，教学组织形式单一，教学方式相对守旧。目前，中国大学开设社会研究方法课程的高校大多采取班级授课的模式，即以班级为基本单位进行统一的教学与管理。这种授课模式能够通过高效率的教学管理，对授课内容及进度进行统筹规划，进而高效地完成社会研究方法课堂教学工作。但其缺点在于与"因材施教"的教育理念相悖，多数课堂仍然以教师作为教学主体，学生学习的自主性不强。社会研究方法课程的实践性要求，一方面，课堂教学摆脱理论化倾向，力主使学生在具体研究范例中，通过师生与生生互动获取方法论知识；另一方面，强化课外自主探究实践，即在任课教师的指导下，鼓励学生利用课堂教学所获取的社会研究基本方法与技术探究社会现象，在自主探究研究课题的过程中巩固课堂教学内容并提高社会研究实践技能。虽然大部分教师逐渐意识到互联网对社会研究方法教学工作的实际意义，但很多教师依然以传统教学方式为主，使用互联网仅限于搜集资料、下载并制作教学课件，大部分教师并未使用过微课、混合式教育等新颖的教学方法，且并没有根据学生对于社会研究方法课程的学习需求设置课程内容，而是根据预先指定的教学进度规划教学方法，没有利用互联网对现有的授课模式进行颠覆性变革。这就导致高校对互联网的应用停留在较低的层次上，难以达到"互联网+教育"的预期。

第二，教学技术刻板陈旧，互联网难以有机嵌入教学过程。在社会研究方法课程教学过程中，大部分教师认可"互联网+"对教学工作的颠覆性意义，适当利用新的教育技术能够有效提升教学效果。但"互联网+教育"所消耗的时间、精力和计算机知识储备较多，且对教师专业能力有很高要求。这就导致在社会研究方法的课程教学过程中，绝大部分教师只能使用 PPT、投影等简单的教学工具简单地将黑板、教材中的知识机械地移至屏幕上，并没有充分发挥其他互联网工具的教育价值。慕课、微课等"互联网+教育"的产物应用范围较小，仍以传统课堂教学模式作为绝对的主流。其原因在于，"互联网+教育"对教师的信息素养和教学能力提出了更高要求，但部分教师并未经过完善的信息化教育培训，导致其信息素养偏低，难以有效开展信息化教学工作。此外，部分教师刻板地认为自己的工作是完成当堂课知识的传递，存在着教学观念滞后的问题。有研究表明，社会研究方法课程的很多主讲教师在教学方法上依然较为保守，大多是借助 PPT 按部就班地进行传授，学生的参与空间也很有限，虽然有的老师引入一些例子进行课堂辅助，但是也是简要带过。① 事实上，互联网的普及和发展极大程度上缩短了信息的更新迭代周期，在知识爆炸的背景下，教师的工作目标不能仅局限于帮助学生掌握书本知识，而是要培养学生的终身学习能力，使其不断学习行业内的前沿知识来充实自身。社会研究方法课程作为一门方法理论课的特殊性在于它是以各种研究方法与技术的实践运用为旨归，这就决定了该课程不能仅仅采取一般的理论讲授性教学模式，而必须引入培养学生自主探究与实践能力的研究性学习教授方式。② 但很多经验丰富的教师已经形成了固定的教学风格与习惯，很难根据环境的变化调整教学观念，教学观念与教学技术之间的不对位，会导致

---

① 张冲，齐晓霞，《社会研究方法》课程教学改革探讨［J］.当代教育论丛，2016（5）：24-25.

② 李娟."社会研究方法"课程参与式实践型教学模式研究［J］.淮北师范大学学报（哲学社会科学版），2017（2）：136-139.

教师浅尝辄止地使用新颖教学技术，没有真正发挥出技术的教育价值。①

第三，师生缺乏课堂交互，学生学习效果不明显。任何教学方式的改革都是基于特定教学理念的实践和探索，师生交互是完成教学过程的重要一环。社会研究方法课程教学目标要求，在尊重学生自身社会生活实践与探究旨趣的基础上，主张教师全程指导，尤其是课外指导以及学生的全程自主参与和实践，即从选题、研究方案设计、社会测量到研究报告撰写的每一阶段，任课教师和学生共同参与到课堂教学及课外实践中来，教师在学生的有效参与中完成教学内容，学生在教师的指导下，从自身生活体验和探究旨趣中确定探究主题与具体问题、自主收集相关文献资料与经验资料、自主完成探究课题，从而提高学生主动获取知识以及主动以科学的方法寻找问题真相与解答的能力。② 但目前多数关于社会研究方法课程的讲授通常是以教师单方面讲解为主，部分教师会在课前预留预习内容和作业。这种教育方法固然有其优势，但由于目标不够明确，也并未制定相应的预习标准，无论学生是否完成预习都不影响正常授课。如此一来，预习的意义就被无限制地抹消，学生会愈发不愿意消耗时间进行预习。而如果将新知识的教学任务都留在课上，会严重占用师生交互的时间，所学知识只能流于表层，难以完成知识的深化。根据既有的教学经验，在社会研究方法课堂教学中能够时刻保持与教师沟通交流的学生较少，大部分学生沉默地做笔记，教学过程中教师与学生均缺乏主体性。造成这一问题的原因既有教师的教学方法不当、教学内容和方法不新颖，又有学生没有采取正确的学习方法、死记硬背地学习知识，缺乏深入地探索与研究，难以将知识真正为自己所用。

综上所述，生活在网络时代的当今大学生获取信息的途径多样，思维活跃、眼界开阔，如果沿袭传统讲授的教学方式已经不能符合学生的需

① 郑程挺．"互联网+"背景下高校教育教学方式改革思考［J］．吉林省教育学院学报，2021（11）：116-119.

② 李娟．"社会研究方法"课程参与式实践型教学模式研究［J］．淮北师范大学学报（哲学社会科学版），2017（2）：136-139.

求。他们个性化程度更高，更有主见，在某些方面的知识超越同龄人甚至教师，所以被动的传统教学已经不能吸引他们的注意力；而加入实践教学环节，以学生为中心，增加实训教学内容，不仅能让学生掌握理论知识，还使其有机会实践知识。这种方式提升了学生的主动性，提供了他们表现个性的平台，不仅能够充分调动学生的积极性，还能够避免理论与实践的脱节，增强教学的效果。

三、"互联网+"背景下社会研究方法 课程教学的改革创新

课程教学是教师理论知识传授与学生实践能力提升的双向活动，是教与学相互作用的动态生成过程。任何一门具体课程都有其自身的特殊性，其特殊性既源于其理论本身，也源于该课程所要达成的目标。具体到社会研究方法的课程教学，要形成理论知识学习与社会调查实践的良性互动，就必须契合新时代高校学生的学习需要，用鲜活的教学内容与灵活的实践方式来激发大学生理论知识学习的积极性与社会调查实践的主动性。社会研究方法课程是一门实践性、应用性极强的方法课程，它不仅仅满足于让学生掌握相关的理论知识，更注重实践性，即学生能够在社会研究实践中熟练地运用它。如何使这门课程不止于课堂讲授，而是切实延伸到社会研究实践中，是教学者们虽然已经普遍感受到但却未能真正解决的问题。①这就需要以多样化的教学方法实现课堂教学的延伸，比如创建教学交流平台、教学网站、社会调查论坛等多元化的教学渠道激发学生创造性思维。特别是在"互联网+"的背景下，优化社会调查研究方法课程需要结合信息时代特征，充分发挥互联网线上资源在参与式研究型教学改革中的优势。

---

① 李娟."社会研究方法"课程参与式实践教学模型研究［J］. 淮北师范大学学报（哲学社会科学版），2017（2）：136-139.

　　首先，借助互联网技术与网络资源搭建线上课堂。随着互联网和信息技术的快速发展，各类门户网站、政府网站与网络社交平台积累了海量数据。这不仅成为大数据资料的主要来源，同时也成为社会科学研究抓取数据重要渠道。同时，问卷星、调查派、调研家、金数据、百度脑图等专业网络问卷调查，更是成为大学生开展调查实践、收集数据的重要平台。如何将多样化的数据资料与前沿的社会调查方法相结合，是社会研究方法课程教学与互联网结合的关键所在。教师可以通过互联网技术的支持与网络资源的整合，以此实现教学内容的更新与教学方法的创新，从而使得社会研究方法的教学内容与教学手段跟上时代要求和学生需要。事实上，在全球新冠疫情肆虐时期，国内高校动员教师利用钉钉、腾讯会议、微信群、QQ 群以及 Zoom 等软件来建构线上课堂，包括上传课程文献、视频、语音、图片、链接等教学资料，还通过分享学生的研究设计、资料收集的过程和社会调查报告等方式，加强对学生社会调查过程的管控，从而提升学生的社会调查实践能力和撰写高质量调查报告的能力，以提高学业评价标准的科学性。线上课堂的搭建营造了一种线上和线下的良性互动课堂模式。在线上课堂，学生在社会调查实践过程中遇到的具体问题与方法技巧能够得到更加充分、及时的沟通和讨论；在线下课堂，则可以更多地用来讲授理论知识与强化体验式案例教学。

　　其次，"互联网+教育"紧密结合，课程内容需动态调整。在授课内容的安排上，社会研究方法课程要求授课教师指导大学生积极参与多种形式的社会调查实践活动，推动学生能够在社会调查实践中领悟各类研究方法的精髓与要义。随着"互联网+"对人们学习方式的影响深入，社会研究方法相关理论知识的学习与社会调查时间的时空边界都在很大程度上得到了拓展。具体而言，教师可以通过以下几个方面来拓展学生开展参与式研究型的学习过程。第一，在选题方面，教师引导学生关注网络热点问题，使之能根据自身兴趣以及专业需求，有目的、有针对性地选择一项具有"真问题"的调查课题。第二，在研究设计方面，教师可以将线下的"第一课堂"与线上的"第二课堂"相结合，借助互联技术的便利条件对研究的思路、策略、方式、方法以及具体技术工具等各个方面给予指导。第三，在问卷设计阶段，利用"问卷星"等在线问卷调查网站，帮助学生掌握问卷设计的原则、步骤、方法和注意事项。第四，在调查实施阶段，借助"互联网+调查"引导学生开展在线调查。一方面，可通过邮件、QQ及微信等互联网平台来发放和回收问卷，并可以将数据直接导入SPSS、Stata、Python、R等统计软件来进行数据分析；另一方面，可通过视频聊天、微信访谈、微信群互动、看快手直播给主播留言发消息等方式开展线上调查，收集包含视频、图片、语音、网络链接、文件、文字等在内的各种资料。① "互联网+调查"不仅丰富了课堂教学内容，而且也提高了学生参与课程学习的积极性与自主性。

再次，社会研究方法作为一种参与式研究型教学模式，在"互联网+"背景下有必要引入大数据技术。在数字时代，每天有数十亿人的行为被记录、存储和分析。比如，登录一个网站，用手机打一个电话，或用信用卡付款，商家就会创建并存储一条有关行为的数字记录。这些类型的数据是人们日常行为的副产品，所以通常被称为数字痕迹。除了商家所拥有的这些数字痕迹外，政府也拥有无比丰富的数据。这两部分数据结合起来通常被称作大数据。不断增加的海量大数据意味着，我们已经从一个缺乏行为数据的世界进入一个行为数据极其丰富的世界。由此，大数据技术为参与式研究型教学模式提供了所需的数据与应用方法，大数据技术能够从社会调查方案设计、社会调查数据采集、社会调查数据分析、社会调查数据应用四个层面发挥数据功能，丰富社会调查研究方法课程的教学方法，使得学生创新思维得到最大激发。

最后，"互联网+"重塑社会研究方法课堂中的师生关系。社会研究方法课程教学过程中互联网元素的引入，不仅能够使得社会调查与互联网技术深度结合，有助于真正理解互联网时代的教育内核，而且还有利于在课

---

① 刘敏. 基于"互联网+"的社会研究方法课程实践及其完善 [J]. 教学研究，2020（6）：63-67.

堂学习和在线学习的关系互动过程中重新塑造教师与学生的角色。基于一种线上与线下课堂结合、理论知识传授和学生社会调查实践分享于一体的体验式社会研究方法，能使大部分学生就社会调查方法的适用性与完善、社会治理与政策应对等多项学术议题开展探讨与争鸣，同时还可以共同探索互联网时代的社会调查理论知识与方法技巧，进而丰富课堂教学的学术氛围、提升学生的多项能力。在互联网时代，大学生的思想较之以往更加开放、活跃、自由，并且价值取向也更加多元化。在万物可互联、资源可共享的便利条件下，学生需要的任何知识都可以通过网络查询、信息检索而快速获得。教师在学生知识建构方面的权威性大打折扣，学生在知识建构中的主体性不断增强。由此，转变教学方式，引导学生进行启发想思考和有效学习的重要性逐步凸显。换言之，在"互联网+"背景下，教师的责任不仅仅是如何更好地"教"，而更多的是让学生更好地"学"。同时，随着科技革命的快速发展和现代信息技术不断与教育融合，学习的场域由于网络的广泛延展性和其他媒介的方便快捷，不再局限于教师的课堂教学；学生可以随时随地求教于教师，也可以自主学习，而教师在指导学生时也可以从中吸取有利于自己成长的养分，与学生一道学习、共同提高。线上课堂的搭建与多途径社会调查实践的开展，使得教师不再是单纯的知识传授者；而学生也不再是单纯的知识接收者。因此，在"互联网+"背景下，社会研究方法课程师生关系的构建中，学习合作者的因素在增长，教学相长、师生互动的学习共同体在形成。"师生学习共同体"逐渐成为社会研究方法课程教学中教师和学生关系的发展趋势。

此外，社会调查线上与线下的结合值得进一步讨论。基于互联网技术的网络调查在突破了数据资料获取时空限制的同时，也大大降低了初学者开展社会调查实践的门槛。这一优势促使学生能够在社会研究方法课程教学过程中较为快速、便捷地完成社会调查和数据资料的收集工作。这无疑有利于提升课程教学的质量。但有学者提出质疑：在缺乏面对面社会互动的情境下，作为核心方法的参与观察是否适用于互联网情景下的社会调查，这是一个值得反思和讨论的问题。① 此外，问卷调查、访谈法和参与观察等资料收集方法，不仅需要调查者克服心理障碍、敢于开口询问问题，同时也需要其具备敏锐的观察能力和基于情景的随机应变能力，而这些实践能力恰恰是线上社会调查难以获得的。② 尽管"互联网+"与社会研究方法的结合对传统的课程教学与实践方式有所冲击，但基于面对面互动的实地社会调查，仍然是深入分析和合理理解社会现象或社会问题的重要途径，线上调查更多的是一种辅助性的资料收集方式。对于任课教师而言，要根据实际情况充分地考虑实地调查与线上调查可以解决什么样的教学问题和取得怎样的教学效果，在整体上把握各自的优劣势，进而通过实地调查和线上调查相结合的方法，更好地改善课程教学方法和提升课程教学质量。③

在信息化时代，"互联网+"应用到社会研究方法课程教学中已是不可避免的趋势。任课教师要做的既不是视而不见和束之高阁，也不是一味地强调线上学习和网络调查。任课教师要认识到，"互联网+"是教学的辅助工具和延伸手段，基于课堂教学的理论知识传授和调查方法探讨才是教学的根本。线上学习的主要功能在于为课堂教学服务，而不是任课教师与课堂教学的让位。任课教师根据"互联网+"的需要，在剔除陈旧、过时的课程内容，提供优质学习平台的同时，还要发展契合"互联网+"需要的课堂教学模式，注重社会研究方法课程教学的实用性和前沿性，实现课堂教学与在线学习的关系平衡。

四、结 论

互联网信息技术不断与教育融合，对传统课堂教学模式产生了革命性

① 同春芬，等.社会调查理论与方法课程开放式教学改革探索 [J].教学研究，2008（4）：333-336.
② 刘敏.基于"互联网+"的社会研究方法课程教学实践及其完善 [J].教学研究，2020（6）：63-67.
③ 刘敏.基于"互联网+"的社会研究方法课程教学实践及其完善 [J].教学研究，2020（6）：63-67.

影响。社会研究方法是一门实践性、应用性极强的方法类课程。如何使这门课程不止于课堂讲授，而是切实延伸到真正的社会研究实践中，是教学者们苦思冥想但却未能解决的问题。互联网的发展与数字时代的来临，拓展了社会研究方法课程教学的时空边界。然而，在教学组织、教学方式、教学技术、师生互动以及课堂学习等方面存在缺陷，导致互联网始终难以有效嵌入社会研究方法的课程教学实践。社会研究方法的教学实践困境，致使"互联网+教育"流于形式，互联网的技术优势难以转化为切实的教学资源和教育价值。如何利用"互联网+"来打破课程教学及社会调查实践活动的时空限制，激发学生开展社会调查实践的主动性和积极性，从而提升课程教学质量，仍然需要进一步讨论。本文从线上课堂搭建、课程内容调整、参与研究型教学设定、师生关系重塑、线上线下调查结合等多个角度分析了"互联网+"背景下社会研究方法课程教学的改革创新路径。

连续·系统·专业：服务导向的
社工专业实践教学模式探索

周绍斌　曹　慧

社会工作作为一种现代职业，在为困境人士和弱势群体服务、促进社会秩序和社会进步方面发挥着重要作用。① 专业自产生起就尝试在社会服务实践的过程中不断地提升其解决问题的能力，并以此来提升专业的核心竞争力，因此专业在服务过程中也会呈现出很强的实务性和操作性取向。自 20 世纪 80 年代国内的社工专业教育起步以来，高校在社会工作人才培养和专业发展中起到了很大的助推作用。② 中国社会工作的发展呈现出"教育先行"的特点，这也意味着社会工作专业的发展更需要与实践相结合。③ 社会工作专业实践作为教学内容的重要组成部分，对于培养社会工作专业人才也具有至关重要的作用。教育者和研究者对社会工作专业实践教学的重要性也都给予了大力认可。④ 在社会工作专业人才的培养中专家学者共同强调如专业核心能力的培养等方面的重要性。

社会工作专业实习在专业教育中占有重要位置，这对专业知识的学

①　王思斌. 社会工作导论 [M]. 北京：高等教育出版社，2017.

②　叶鹏飞. 超越工具理性：社会工作实习教育三重困境的反思 [J]. 黑龙江高教研究，2021，39（2）：34-39.

③　王思斌. 教育先行及其对发展我国社会工作的意义 [J]. 中国社会工作，2011（32）：18-21.

④　杨柳. 社会工作实践教学模式的本土化探讨——生态系统概念的引入 [J]. 现代教育科学，2011（9）：88-91.

习、专业技能的培养乃至专业的职业化发展都起着突出作用。专业实习对于培养社工专业人才的意义比其他专业课程的学习更重要，特别是在关于诊断问题、解决问题的方法和技巧方面显得更为明显。① 目前我国内地的社会工作专业实习教育中却存在着不少的问题和难题，例如缺乏规范化的实习大纲，以及对于实习的内容和形式、实习机构的选定、实习的评估、实习的督导等内容的设置安排都不够清晰明确，随意性较大等，这些问题的存在会阻碍实习的顺利开展，也会影响社工专业人才培养的质量。为解决上述社会工作专业教育教学中的困境，国内众多学者也从多维度对社会工作人才培养开展进行了有益的探索和实践，特别是针对社会工作专业的实践教学模式改革，但由于高校对于如何组织实施有效的专业实习这方面依然存在着模糊的认识，因此如何建构科学的实践教学模式，实现教师、学生、机构的良性互动，提高专业实习的针对性和有效性，是一个值得探索和研究的课题。

一、地方院校社会工作专业实践教学存在的问题

据国际社会工作教育协会的规定，社会工作专业本科生的实习时间不得少于 800 小时。② 目前我国开办社会工作专业的高校也都特别重视专业实践教学，并在实践教学层面，采用多种形式想方设法地组织安排学生进行实践教学和专业实习。但实习效果从客观来说，还远远没有达到理想状态，专业实习实践中仍然存在着一些问题和障碍。

（一）实践教学过程安排的非连续性

当前的实践教学存在着对于整个本科四年的实践教学过程缺乏统筹

---

① 王成荣 . 社会工作专业教育教学改革：探索与实践 [M]. 武汉：武汉大学出版社，2018.

② 刘淑娟 . 社会工作专业实习教育面临的困境及对策研究 [J]. 成人教育，2010，30（03）：18-19.

考虑的情况，间断性的时间安排与实践教学的逻辑连贯性和实践能力的渐进成长这三者之间存在着巨大张力，这会影响实践教学的整体效应。关于专业实习的时间安排，大多数高校会安排学生在大二结束后的暑假或大三第一学期这两个学完基础课和必要的专业基础课的时间段进行初次专业实习，然后再在大四第一学期安排学生进行长时间的集中实习，而有的学校只安排学生在大四进行一次集中长期的专业实习。由于教学过程的时间安排存在非连续性，这也导致学生实践能力提升效果并不是太明显。

（二）实践教学内容安排的碎片化

在强调价值观养成的前提下，社会工作人才职业能力可以分为一般能力、职业核心能力和职业迁移能力。[①] 其中，职业核心能力包括社会工作服务能力、社会行政能力和社会工作研究能力。但在我国社会工作专业的实践教学中，由于多种主客观方面的原因，往往没有全面考虑实习内容的整体性和完整性，因而无法实现学生专业实践能力训练的全面性。实践教学内容的碎片化可能使学生在某个领域或者某种技巧上得到较好的锻炼，但学生整体专业素养和综合能力却难以提升，也无法适应复杂多样的专业服务对社会工作者的能力要求。

（三）专业实习的"半专业性"或"非专业性"

专业实习应具有基本的"专业性"，但由于目前我国社会工作的专业化和职业化程度不高，专业社会工作服务机构、专业督导和社会对社会工作的专业认知存在着多重匮乏的情况。这就会导致实践教学的基本的专业性难以得到保证，学生在实习实践中可能从事的大多是琐碎的日常事务性工作，没有多少机会能够直接接触到服务对象；进而导致专业理论与实习

---

① 周绍斌. 职业能力取向：地方高校社会工作专业人才培养模式探讨 [J]. 社会工作，2012（3）：26-29.

内容没有很好地衔接，学生的专业智能、专业自主、专业自我、专业认同得不到有效培养，由此也无法有效地提升学生的"专业能力"。另外，社会工作专业教师中受过系统专业训练的人较少，大多数教师是半路出家，只接受过不同程度的社会工作专业的有限训练；而机构中的实务人员大多缺乏理论知识的训练。有理论的没有经验，有经验的没有理论，专业督导缺乏，这在很大程度上影响了专业实习的效果。

（四）相关保障机制不健全

专业实习的有效开展离不开相关保障机制的配套，这主要包括稳定而合适的实习基地、专业的督导力量、相对完备的管理制度等。目前在专业实习的保障机制方面也还存在着一定的问题。

合适的专业机构是社工专业实习的关键条件，合适的机构应具备形式多样、内容广泛、与社工教育目标相吻合的工作内容。能否找到合适的专业机构，已成为目前制约我国高校社工专业实习顺利开展的普遍性问题，即使找到了合适的专业的社工机构作为实习基地，也可能出现机构能力、机构需求与学校的教育需求错位和脱节而影响实习目标的情况。专业实习是教育性取向的，它以配合学校课堂教学、完成专业教育为目的。有些机构能提供的服务范围非常有限，服务方式偏重于政策性的福利服务，这就无法满足社会工作专精与广泛相结合的专业教育训练的需要。

缺乏完善的制度保障是目前影响社工学生专业实习质量的又一重要因素。目前我国的社会工作实习教育并没有形成规范化和制度化的专业实习模式，且大部分院校也并未建立起完善的专业实习制度，实习的目标不明确，实习的活动内容也存在着很大的随意性；对整个实践教学缺乏统筹的安排，对实习过程大多也缺乏有效的监控和评估机制。这就会使专业实习的质量和稳定性难以控制，最终可能导致专业实习流于形式，不利于培养学生的专业知识和专业技能。

二、服务导向的社会工作专业实践教学的实践探索

基于社会工作实践教学中存在的非连续性、碎片化和非专业性的现实困境，我们从实践教学的时间进度、内容结构、实习机构、专业督导与过程管理等多方面进行实践探索，最终形成了连续、系统、专业的社会工作专业服务导向的实践教学模式。

（一）理念先行，确立社会工作实践教学的服务导向

专业实习是社会工作专业教育中的重要环节，社会工作的价值观念、知识和技巧，也只有通过专业的实习实践才能更全面、更深刻、更有效地为学习者所掌握，并内化到工作者的工作行为中。学习者和工作者也只有在这种实际的服务提供过程中，才能更好地学习和发展新的知识、检视自己的价值与态度、发展自己的专业能力。因此，社会工作教育应特别强调要与实务工作紧密相连，并以服务于社会工作实际为宗旨。我国的社会工作教育一开始就游离于"服务"之外，与行业关系不密切，更多地关注其"知识性"，而较少强调"职业性"。这种认识不仅存在于领导部门，也同样存在于社会工作专业的师生之中。要真正实现专业实习的目的，必须统一思想、提高认识；只有认识到位，指导与支持才有力度，落实与操作才能改进。

（二）统筹安排，建构协调连续的实践教学过程模式

社会工作实践教学应当贯穿于社工人才培养的全过程，而不仅仅是体现在大四阶段的集中实习。因此，要想建立高效的社会工作实务教育，应当对整个社工专业实习有一个统筹的安排。我们主张综合考虑学生的认知能力发展、课程进度、职业能力层次，实施协调连续的实践教学过程。连续性就是强调社会工作专业学生的实践教学并不只是一两次的集中实习，而应当是一个持续的、循环渐进的过程。对于低年级的学生，可以安排他

们到社会工作行政性机构、院舍照顾机构、社区等领域去参观、考察，以此来增进其对社会需求和社会工作的了解；对于中间阶段的学生，主要以实验室模拟实训为主，安排和指导其参与相关的专业服务项目；对于高年级的社工学生，则可以安排其开展实务性的专业实习，全面参与社会服务，直接运作服务项目。从形式上来说，低年级阶段主要采用并行式实习，高年级阶段则采用集中式实习（见表1）。

表1 社会工作专业实践教学总体安排表

学年 \ 学期	第一学期	第二学期	暑期短学期
第一学年	机构参观与考察（20 小时）	义工服务与机构见习（20 小时）	社会工作认可度调查60 小时（集中式）
第二学年	专业方向课程实践20 小时（同步式，实验室模拟实训）	专业方向课程实践20 小时（同步式，实验室模拟实训）	服务对象需求评估60 小时（集中式）
第三学年	专项实务课程实践60 小时（同步式，实验室模拟实训、项目实习）	专业方向课程实践20 小时（同步式，实验室模拟实训、项目实习）	相关机构探访与实习80 小时（集中式，服务实训）
第四学年	毕业实习 400 小时（集中式项目实习）	毕业论文（研究能力训练）	
其他	专业社团实习与义工实习等 40 小时		
共计	800 小时		

从层次性看，上述安排遵循统筹兼顾、循序渐进、注重实践、循环发展的原则，形成了递进式的见习认知—实验室模拟实训—社会服务（项目实习）的实训格局（见表2）。

表 2   **实践教学递进阶段表**

时 间		实践教学安排		
第一学年	第一学期	第一阶段	义工服务 社会调查	专业见习 实验模拟 社会服务
	第二学期			
	短学期和暑期			
第二学年	第三学期	第二阶段	课程实习 专项实训	
	第四学期			
	短学期和暑期			
第三学年	第五学期			
	第六学期	第三阶段	项目实习 毕业实习 毕业论文	
	短学期和暑期			
第四学年	第七学期			
	第八学期			

（三）对接服务，设计全面系统的实践教学内容结构

在社会工作的具体实践服务中，工作者通常会面对各种问题，而这些问题的多样性和复杂性就要求社会工作者具备多方面的素质和能力。正是因为有这样的能力培养的需求，社会工作的实践教学应全面涵盖这些所需能力和要求的培养过程和内容。实践教学的系统性主要强调实习内容的全面性和整体性，即对本科四年的专业实践教学内容要有一个全面系统的整体安排，按课程进程和能力培养的循序渐进规律，在不同的学期设计不同的实习目的和任务，选择不同的实习内容。社会工作人才职业能力可以分为一般能力、职业核心能力和职业迁移能力。其中，职业核心能力包括社会工作服务能力、社会工作管理能力和社会工作研究能力。实践教学应全面提升学生的能力，特别是职业核心能力，并采取有针对性的实训路径加以实现。为此，我们制定并实施了《社会工作专业基本技能标准及培养方案》（见表 3、表 4）。

表3 社会工作专业实践教学内容及实训路径

专业核心	具体的专业基本技能	对应实训途径	整合训练
社会工作服务能力	个案工作实务能力 小组工作实务能力 社区工作实务能力	个案工作专项实训 小组工作专项实训 社区工作专项实训	项目实习 社会服务 毕业论文
社会工作行政能力	项目策划与设计能力 项目管理能力 机构管理能力	"社会行政""社会服务管理" "社会政策"等相关课程同步实习	
社会工作研究能力	调查方案设计能力 数据库建立与清理能力 社会统计能力 调查报告、论文写作能力	社会调查专项实训 社会调查统计大赛 社区调查与需求评估 课程论文 毕业论文写作	

表4 社会工作专业基本技能标准及培养方案

类别	专业技能项目	对应的实践实训项目	学时	评价标准
个案工作方法技能	个案聆听技术	个案聆听专项训练+个案工作综合训练	8	考查学生能否能够通过聆听来把握案主的"事实""体验"和"需要"
	个案回应技术	个案回应专项训练+个案工作综合训练	12	考查学生能否在会谈中开展有效的共情回应、语言和姿态的回应等
	个案预估技术	个案预估专项训练+个案工作综合训练	12	考查学生能否准确地判断案主的问题、定位案主问题的成因
	个案干预技术	个案干预专项训练+个案工作综合训练	12	考查学生是否掌握了以下干预技术:案主能力的挖掘、案主心理的调适、案主社会支持的拓展等

续表

类别	专业技能项目	对应的实践实训项目	学时	评 价 标 准
小组工作方法技能	人际沟通与互动技能	情境演练：如何与陌生人进行沟通与互动	10	考查学生是否掌握了人际沟通的基本技巧
	自我心理调节技能	角色扮演：如何进行自我心理调节	10	考查学生是否掌握了心理调节的基本技巧
	活动方案的设计、执行及评估技能	设计一个团体活动方案	10	考查学生能否熟练设计团体活动方案
	团体带领与组织技能	带领与组织团体活动	10	考查学生是否掌握团体活动的组织技巧
社区工作方法技能	社区分析评估技能	社区分析评估训练	8	要求基本掌握社区需求分析、资源分析、政策分析和动力分析等技能，并能适当运用
	社区关系建立技能	社区关系建立训练	8	要求运用社工理念和方法进入社区，与居民、社区组织及政府之间保持良好沟通，掌握关系建立和维系技巧
	社区项目策划技能	社区项目策划训练	8	要求掌握社区项目分析、计划和评估技能，并适当运用于社区行动的组织
	社区组织动员技能	社区组织动员训练	8	要求掌握社区动员、社区会议、社区谈判等技能，并适当运用于社区项目的开展
	社区教育倡导技能	社区教育倡导训练	8	要求掌握社区游说、宣传推广、领袖培训、志愿者培训等技能，并适当运用于实际社区工作

续表

类别	专业技能项目	对应的实践实训项目	学时	评价标准
机构管理与社区管理技能	机构规划技能	机构规划专项训练	10	要求掌握机构目标选择、机构资源考量、实施方案优选、策略与具体行动的制订等技能
	人力资源与绩效管理技能	人力资源与绩效管理专项训练	10	要求掌握人员招聘、培训、绩效评估与激励、薪酬管理等技能
	机构公关技能	机构公关技能专项训练	8	要求掌握召开记者会、媒体关系维护、机构刊物制作和演讲等技能
	写作与会务技能	写作与会务技能专项训练	8	要求掌握公文写作、会议策划与组织、会场选择与布置等技能
	社区规划管理技能	社区规划管理专项训练	8	要求掌握社区规划设计、环境卫生、治安管理技能，并能适当运用
	社区社会服务技能	社区社会服务专项训练	8	要求掌握社区福利服务、便民利民服务技能，并能适当运用
	社区经济发展技能	社区经济发展专项训练	8	要求掌握社区经济发展技能，并能适当运用
	社区组织管理技能	社区组织管理专项训练	8	要求掌握社区组织建设和管理技能，并能适当运用
	社区文化教育技能	社区文化教育专项训练	8	要求掌握社区文化建设、教育培训等技能，并能适当运用

类别	专业技能项目	对应的实践实训项目	学时	评 价 标 准
社会工作研究技能	调查方案设计技能	社会调查（抽样设计、问卷设计）	10	考查学生能否科学合理地设计调查方案
	数据库建立与清理技能	统计软件操作	12	考查学生能否熟练建立数据库
	社会统计技能	统计软件操作	12	考查学生能否熟练掌握统计分析的基本技能
	调查报告、论文写作技能	写作实务	6	考查学生是否掌握了研究报告和学术论文写作的一般技巧和规范

（四）多管齐下，力保实践教学的"专业性"

为保证实践教学的专业性，真正实现学生的专业成长，我们采取综合性措施：从实习机构的选择、实习岗位和内容的确定、实习任务的明确、实习督导的安排到实习过程的监管、实习成效评估等环节，通过多种途径和方法来力保实习过程和内容的专业性。为此，我们建立了一套有效的支持保障体系。（1）创办服务机构，加强实习基地建设。专业教师创办专业社工机构，承接政府购买的服务项目，为学生实习提供专业实训平台和实训机会。同时，我们还与30余家省内外专业机构建立了稳定的合作关系，可以满足不同需要的专业实习。（2）加强专业实验室建设，满足社会工作职业能力模拟训练的需要。①（3）提升教师队伍的实践教学能力。我们一方面通过自办机构，鼓励教师到机构兼职等多种方式，提升教师的实务能力；另一方面加强引进实务能力强的实务型教师。同时，聘请政府等相关部门和机构的资深社工担任兼职教师。（4）加强督导制度建设，完善督导制度以实训高质量。（5）强化管理。一是加强制度建设，二是加强对实习

---

① 方劲. 论社会工作教师实践教学能力的培养［J］. 当代教师教育，2011，4（3）：67-61，85.

教学过程的管理和监控。

三、服务导向的社会工作实践教学模式的特点与成效

经过多年的探索和努力，连续·系统·专业的社会工作实践教学模式基本形成了如下特点：

其一，以服务能力提升为导向，统筹安排实践教学。综合考虑学生的认知能力发展、课程进度、职业能力层次，对整个本科四年的实践教学进行统筹安排，实施连续·系统·专业的实践教学模式。使学生的课程学习与专业实践相结合，增强学生的应用能力和批判反思能力，以适应未来的职业要求。

其二，以实务为重心，强化行动能力。我们以学生的实务能力培养为重心，将理论教学与案例教学、实验教学和实习教学充分结合起来，利用课程见习、实验室模拟实训、项目实习、社会服务等形式，培养学生的行动能力，积累实战经验。

其三，以实训为中心，打造演练平台。除实验教学和专项实训外，教师创办社会工作服务机构，让学生有机会直接参与项目策划、运作和管理，开展服务型学习和行动研究，大力提倡学生在"做中学，学中做"，培养学生的创新能力、创业能力和行动能力。

几年的实践表明，连续、系统、专业的社会工作服务导向的实践教学模式在社工人才培养过程中有着自身的优势：（1）实现了人才培养和社会服务的统一；（2）推动了学生和教师的协同成长；（3）促成了学生专业价值观和专业服务技能的共同提升。通过服务实践，强化了师生公平正义的价值追求和社会责任感，强调了实践教学内容与社会服务的专业技能要求的对接，使学生通过社会服务与真实社会环境产生互动，获得服务经验与激发反思，进而通过服务历程达到专业服务能力的真正提升。

从学生层面看，学生专业使命感和认同感大大增强，专业实践能力普遍提升，对个案、小组、社区三大社会工作专业方法能够熟练运用，毕业生在专业服务机构、公益组织、政府部门等岗位上多有上佳表现，赢得了不错的社会声誉。

　　从教师层面看，专业教师在社会工作专业实践教学过程中也受益匪浅。通过创办专业服务机构、策划和运作项目、管理专业机构与项目、亲身示范实务方法和技巧、督导学生等，教师本身的专业实务能力大大提升。教师参与专业服务实践也促进了其专业研究的发展，使其在社会工作理论研究、实务能力研究、教学改革课题等方面取得了显著成果。

　　在社会服务方面，专业教师与学生依托自办机构承接了政府购买服务，取得了良好的社会效果。依托专业教师自创机构，以学生为主体运作的"时间银行—社区老年互助项目""周末家庭——农村空巢老人临时家庭支持计划"（民政部"大爱之行项目"）、"社会散居孤儿社会工作支持项目"（中央财政支持社会组织参与社会服务示范项目）等服务项目被《人民日报》《光明日报》《中国教育报》《浙江日报》、新华网、中国新闻网等主流媒体广泛报道。

质性研究方法的"可教"与"不可教"①
——基于"质性研究方法"课程的民族志研究

李学会

一、引　言

希尔弗曼（Silverman，D.）曾指出，选择质性研究方法来研究课题是一项非常冒险的行动。② 即便不考量当前质性研究与量化研究/定量研究的分野以及方法之争，该说法也说明质性研究的实践者要面临多方位的挑战。这一境况对质性研究方法的教与学提出了苛刻的要求，我国质性研究的代表性人物陈向明从教师教学的角度将质性研究视为"一种可学但不可教的实践活动"③。可见，选择教授质性研究方法的课程也是一种教学的冒险。

陈向明指出的"可学但不可教"，并不是指质性研究作为一种研究范式的知识不可传授，而是指教师的教学方法不应局限在对学生的"告诉"，更要在教的过程中要求学习者"学做"。相应地，对于学习者而言，"学做质性研究的最好途径是跟着'师傅'学，与师傅一起做课题，在做中学，

---

　　① 本文系 2020 年浙江师范大学校级一流本科课程"质性研究研究"（在线开放课程）的部分成果。
　　② ［英］希尔弗曼. 如何做质性研究［M］.李雪，张劼颖，译. 重庆：重庆大学出版社，2007：67.
　　③ 陈向明. 质性研究：反思与评论（第贰卷），重庆：重庆大学出版社，2010：序言 I.

在情境中学"①。这表明，质性研究方法课程的课堂教学要在教师的"教"和学生的"学"双方面进行改进和探索。

本文使用民族志的方法，对2020年和2021年两轮课程的教学进行研究，也即使用质性研究方法研究"质性研究方法"的教与学。2020年上学期，笔者为社会工作专业本科生开设"质性研究方法"课程，并申报建设为线上课程。本文的写作目的，是对教学过程进行反思，并对"做中学"的质性研究与教学实践作出探索，以期为后续的教学提供一些可行的建议。

二、质性研究"可学不可教"特质对教—学设计的启发

（一）质性研究的特质对教学方法的要求

对于质性研究方法的"教"，希尔弗曼提出的评论，似乎是教授质性研究方法课程的教师所面临的普遍难题：

> 很遗憾，许多大学的社会科学教学，更多的是鼓励学生被动接受知识，而不是形成为自己思考的能力。他们总是教学生如何更好地越过评估的障碍，而不是使用他们的知识去形成一个可行的研究问题。
>
> 上述现象在这种时候就可以看到：质性研究方法的课程，鼓励学生机械地学习对量化研究的批评，而对于别的可以替换的方法，只提供最低限度的实践。相反，在量化研究方法课上，有一个趋势是死记硬背一些程式化的知识，这在起草一个研究计划的时候倒是实用的（比如，界定变量和测量）。②

---

① 陈向明. 质性研究：反思与评论（第贰卷），重庆：重庆大学出版社，2010：序言Ⅲ.

② ［英］希尔弗曼. 如何做质性研究［M］. 李雪，张劼颖，译. 重庆：重庆大学出版社，2007：67.

这表明，在教学过程中，质性研究方法的知识与技能的传授难以像定量研究那样具有明确的程序以及基于程序而带来的产出。一般而言，所有课程均同时具有知识性和创造性，知识性是指质性研究方法作为一种范式的"已有知识"，创造性则是学生者对该方法的实践以及反思。似乎质性研究方法在知识性的传授方面，所使用的技术以及资料的分析非常仰赖研究者个人，这也正是在质性研究的中研究者自身作为研究方法的原因。

基于课程的学情分析以及以往的经验，无论在本科生的学位论文还是学术竞赛的文本，都体现出方法自觉方面的不足。对于社会工作专业而言，质性研究的方法以及技术，例如个案研究、扎根理论等，运用场景多但实际使用并不娴熟。因此，在课程建设方面，知识性的传授和创造性的培养应该同步进行。也就是说，学生的知识掌握和知识运用应作为课程的基本目标。

质性研究方法是一种反身性的研究方法，它需要研究者自身对研究过程以及研究者与研究对象之间保持持续性的反思。那么，在教学过程中如何将质性研究方法的内容贯穿于课程，则将是影响教学效果的因素之一。对于质性研究课程的教学者，既需要具备知识性的储备（备课），也需要有相应的使用知识的经验（研究）。这种对讲授者的要求和教学方法的要求，正是质性研究方法课程"难教"的原因。

（二）使用质性研究方法教"质性研究方法"

了解学生的状况和了解现有的"质性研究方法"课程的教学方式也是本人在开展教学前备课的准备工作。在质性研究的教学领域，陈向明的研究以及著作颇有影响力；此外在社会学领域不少学校也开设了质性研究相关课程，这些课程的设计为笔者的课程提供了参考。

在课程开设之初，教学内容以及目标的陈述既是课程要求的一部分也是学生获得课程概貌的途径。除了一些课程仍然以知识讲授为主要导向外，获得知识和使用知识的能力导向是此课程赞同和倡导的。因此，在给学生的教学大纲中，强调教学的目标有两个：（1）通过课堂讲授、练习，掌握质性研究方法的基础理论、基本方法、核心逻辑及操作过程；（2）能够实际运用质性研究方法，完成一份完整的质性研究，提升研究能力。

三、"质性研究方法"课程的实践过程

该课程自 2020 年开设，经过两轮的开设，2022 年为第三次开课，在教学材料的准备以及实施逐步形成相对固定的程式。

（一）课程的目标及教学实现

笔者围绕质性研究方法的知识性教学内容，在建设线上课程的目标下制作了相应的视频以及其他教学材料。这部分内容主要依靠学生的自学、讨论和答疑；而对于知识运用等创造性的教学内容则依赖线下教学和质性研究中核心"技术环节"的实操。

在开课之初，教师将课程的大致内容以及考核要求明确交代给学生。同时，提供学生学习该课程的方法。一是反思性学习，主要通过撰写学习周记记录个人以及小组在学习过程中的收获以及困惑，这部分资料也将成为撰写课程学习自我民族志的材料；二是实践性学习，也即"干中学"，学生分小组完成一个选定的质性研究课题，在合作中体会质性研究过程"研究者自身素质"的重要性（见表1）。

表 1   **"质性研究方法"课程教学目标及实现路径**

教学内容性质	教学目标	教学形式	学习方式	师生互动
知识性	掌握知识	视频、PPT、文字资料	自学、讨论	平台答疑（线上）
创造性	知识运用	案例讲解	小组学习	小课题实践（线下）

（二）教与学的准备

笔者在进行"质性研究方法"备课时，先前阅读了大量的与"质性研究方法"相关的教学文献与知识文献。教学文献相关于质性研究方法教与学过程本身的经验，对于教师和学生在教与学时形成一种更有效的方法具有经验上的启发。

引导学生形成良好的学习习惯，参考那些在社会科学领域的经典实践也是一种可行的途径。此处推荐的是米尔斯的《社会学想象力》（2009）中的"附录部分"，对于一些初学者来说米尔斯所批判的各种理论或许有些晦涩，学习其思维方法也是获得一些"想象力"的途径。① 正所谓"学习之学习"，也即在学习内容之前应有合适的学习方法。

在该课程学习之初，笔者要求学生阅读两部分材料。一是"学习之学习"，有关学习方法；二是"研究伦理"，有关做研究过程中不同阶段要遵循的伦理原则。"学习之学习"部分推荐阅读的是费孝通②的"关于学习风气和田野工作"和米尔斯③的"论治学之道"。"关于学习风气和田野工作"倡导的是做研究要"进入田野"，走进与研究对象的距离，研究者要养成这样的"自觉"和习惯。"论治学之道"则是给出了一些获得"社会学想象力"的治学途径。而强调研究伦理，则是要学生在尝试做研究之初就要遵循学术规范，这也是课程思政的一部分。

（三）知识运用贯穿于教学过程

1. 组建课题研究小组

在课程初始，由学生自由组队④，并着手选择研究课题。课题将贯穿于整个课程的学习，在选题、资料收集、资料分析、论文撰写各个步骤都将使用这个选题。关于学生自选的课题，首先是在选题原则上要符合可行

---

① 例如米尔斯常用的 2×2 表格作为一种思维工具得到 Bargheer（2021）更为明确的阐述，在不同场合下笔者使用过这种形式。从笔者的学习经历中，也同样意识到这种工具的价值，这也是笔者在教课过程中极力推荐学生先读米尔斯《社会学的想象力》的附录"论治学之道"的原因。

② 费孝通. 关于学习风气和田野工作 ［M］//费孝通全集·第 15 卷（1995～1996）［M］. 呼和浩特：内蒙古人民出版社，2009：105-110.

③ ［美］C. 赖特·米尔斯. 社会学的想象力 ［M］. 陈强、张永强，译. 北京：生活·读书·新知三联书店，2009：211-247.

④ 一般每个小组不超过 5 个人。在 2020 和 2021 年的课程中，要求 3～5 人。经过两年的实践，这一要求也在不断变化。考虑到一些特殊情况，可能不超过一个上限人数更合理。组建研究小组后，需要确定一个组长。

性，这也是笔者在课程上指导学生学生的第一原则，其次是重要性和创新性，目的在于让学生能够完整地作出研究（论文）。

选题是研究的第一步，也是研究者普遍面临的困难。正所谓万事开头难，课程研究小组形成之后，第一个任务就是讨论选题。如课程第一部分所强调的，选题的确定要耗费大量的时间。笔者的做法是，要求"小组列出选题清单→对照选题原则写出理由→形成选题评价→小组及教师反馈→确定选题"，类似于指导学生学位论文的写作过程。

尽管有如此教学设计，不同小组在该教学环节的完成度和交流过程中也存在很大差异。教师—学生之间在选题阶段的交流需要反复来回，才能将质性研究方法课程的知识与具体选题之间的实体知识结合，并让学生形成选题上的自觉与反思。在2021年课程中，第二小组①的选题过程对学生在选题上具有参考价值。

课程要求小组记录讨论过程，以下是第二小组第一次讨论的选题，同时也记录了选题的理由。

第一次讨论，每个组员结合社会时事、国家政策等，根据所见所闻所感，提出自己感兴趣且认为有研究价值的选题。讨论从晚上六点开始，临近八点半时结束。最终我们得到以下八个选题（见表2）：

表2　　　　　　　　　小组讨论选题情况

选　题	原　因
大众对新型疫苗的接受度调查——以新冠疫苗为例	学校最近在开展新冠疫苗免费接种的报名工作，我们周围有相当一部分同学对接种新冠疫苗仍持保留态度。同时，我们也讨论到现在价格并不算便宜的"网红疫苗"——HPV九价疫苗一剂难求的现象。两相对比，我们不禁思考，为什么大家对新冠疫苗与九价疫苗的接受度大有不同？

① 小组成员包括2019级社会工作专业的王奇佳、金思怡、李爱琳、员伟熔。

续表

选　题	原　因
对特殊参观教学法的分析——以监狱参观教育方式为例	一位组员所就读的高中曾组织监狱参观教育活动。组员在进入监狱参观时的所见所感，让她觉得虽然参观者能在此类活动中受到一定的思想教育，但对于监狱的服刑人员来说，或许是一种有失人道主义的行为。
从"空巢青年"转向"空巢青年"研究	"空巢老人"这一群体在我们社工的专业课中不止一次被提起。但近年来"空巢青年"这一网络流行语频频出现在互联网媒体中。"空巢青年"这一群体，指的是与父母亲人分居、单身且独自租房的青年人。对这一群体的兴趣让我们提出了第三个选题。
对老年群体性健康教育再普及的必要性探究	在前段时间的新闻中，我们了解到一部分老年人寻求低价的性服务，而提供低价性服务的性工作者常常不采取安全措施，导致其感染艾滋病。
对弱势儿童救济的可持续性的探究	组员对山区支教结束后支教地区儿童的适状况进行了一定的讨论。
对减肥行为低龄化趋向的研究	组员中有正在减肥的人，我们交换了自己的意见，关注到有一部分群体采用催吐、服用减肥药、盲目节食等不良的减肥方式。此外，整个社会对"白""幼""瘦"的追求过甚，不少仍处于健康范围内的儿童也有了"肥胖"的认知，并通过摄取少于他们所需的营养的不利于成长的方式进行减肥。
对大学生理财消费现象的研究——以购买基金为例	本组成员以及周围的不少同学有购买基金的经历，从赚了点小钱就纷纷"上车"到现在一片"飘绿"的惨淡景象引起了我们的思考。
消费社会学视角下盲盒热潮现象分析	针对一直热情高涨的盲盒消费，我们想结合正在上的消费社会学课程来对购买盲盒行为进行探究。

研究初学者往往面临两种情形，一是没有可研究的议题，二是有太多

想做的研究。选题的过程就是挑选的过程,实践也表明有的小组能够列出比较多的感兴趣的议题,而有些则很难。列出较多的选题的好处是可以进行挑选,而如果数量过少,那么很难进入深层次的选题下一阶段(见表3)。

表3   **"质性研究方法"课程研究小组选题(2021)**

第一组	小学融合教育支持体系及其构建的行动研究	指定
第二组	对大学生理财消费行为现象的研究——以购买基金为例	自选
第三组	心智障碍青少年性教育的现状及需求调查	自选/指定
第四组	探究"刷梗"行为对大学生社会交往行为的影响	自选
第五组	关于困难人群在火车票网购的社会调查	自选

从选题方面看,学生有比较多的兴趣领域,在选题过程中也能运用选题的原则进行确定选题。限于学生将知识积累和社会经验储备,选题的议题与其"社会距离"息息相关,以大学生自身的现象居多。笔者也鼓励学生观察和感知社会,借鉴选题的来源方面,鼓励学生将选题与社会政策的变化保持一定联系。

2. 鼓励申报课题

大学生参与科研项目是大学培养学生的手段与目标,笔者鼓励学生申请各级可以参与的课题,将课程的学习与知识运用以及能力提升相结合。在浙江师范大学,本科生可以有较大的自主性参与的课题至少包括"浙江师范大学大学生课外学术科技活动项目""浙江省大学生科技创新活动计划(新苗人才计划)""浙江省大学生统计调查方案设计大赛"。

笔者在已经开设两年的"质性研究方法"课程中,每年均有指导学生申报以上课题,2020年指导立项"浙江师范大学大学生课外学术科技活动项目"1项,完成"消费、情感与互动:大学生直播打赏行为研究",同时指导2项"浙江省大学生统计调查方案设计大赛",最终有1项"老年群体'数字鸿沟'问题研究——基于疫情期间老年群体健康码使用情况"完成,并获得省三等奖。2021年指导立项2项,也即笔者班级的"心智障碍青少年性教育的现状及需求调查"和"后疫情时代视障者的就业困境及需求调查研究"①；同时指导学生完成 1 项"浙江省大学生统计调查方案设计大赛"作品。

总体而言，学生在做研究课题的过程中能体验到科研的乐趣和困难，多数团队能够完整地完成研究，但也有部分小组中途停止。从学生的反馈来看，学生在课题研究的过程中有较大的进步，尤其是笔者对于其文本以及科研训练的细致指导使其在思想上理解了研究方法和议题的"亲和性"。

例如韩玥桐同学在其学习民族志中对教师修改学生作业的记录，以及批注的作业（见图 1），笔者相信这种细致的反馈对于学生养成良好的科研习惯，并对议题进一步聚焦有积极作用。

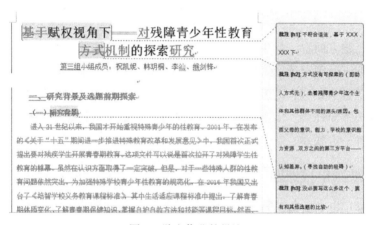

图 1　学生作业的批注

从小组建立开始讨论选题到写研究设计，在建好的文件夹里就出现了好几个版本的文档，包括课堂修订和修改版等。从课堂上学习后的模仿，到写完之后的课堂修正。有初中反复改一篇作文的意思了，但又不一样，总能获得除文章之外的东西，又顿悟似地突然明白某些地方应该如何写。在看其他组选题的时候，也能从他组中学到很多，有一些其他组出现的问题也能使我们反思自己的不足，并通过其他组

———————————

① 该课题的成员均为非本院学生。

的点评来完善我们的设计。课堂修订往往能学到更多，看着满满的批注和修订也有成就感。

希望学生们能以更好的积极性投入学习和科研训练，不过于功利。一个最大的建议就是"主动"，个人以及团队应主动投入课题，主动与指导教师联系。在选定小组的议题之后，应在学习过程和日常生活中留意与选题相关的材料，这样就能在学习—反思中"经营"选题，提高研究方法的应用能力。

3. 撰写课程学习自我民族志

民族志是质性研究方法的一种，或者更多的是资料收集方法的一种实践方式。这一方法在多个学科广泛使用，但同样是一个"难教"的部分。在该课程的教学过程中，笔者要求学生在学习期末提交一篇自我民族志。该部分的教法是在课堂上教授一些关于民族志的知识和技巧，并要求同学们每周撰写学习周记，这些将构成学习自我民族志的材料。

撰写课程学习自我民族志有两个目的，一是质性研究方法本身的反思性特质要求研究者在学习过程中不断反思这一主观过程，那么撰写周记（包括一些课程记录、小组讨论、阅读材料等文字或图片）就是一个必要的选择；二是在学习过程中使用研究方法，也是课程教学原则"干中学"的体现。除此之外，这些材料也构成了教师反思教学过程和结果的经验来源。

例如阅读王汉涛同学的自我民族志，笔者意识到在课堂上拓展的材料或者知识对学生来说是重要的，而且学生也意识到教师讲授的知识脉络更像是一个网。实际上，在给同学展示质性研究的图示这种直观的脉络之时，笔者的思维跳跃性确实较强，但这背后却是有着明确的联系。这在阅读学生撰写的民族志中也得到了再次确认。

> 刚开始上课，我抱着好奇心努力地听着老师上课，开始并没有讲质性研究是什么，而是给我们讲一些理论性的东西，比如给我们讲什么是社会研究、社会研究的重要性等，到第二次课才给我们讲解质性

研究的定义。除了课堂知识之外，老师会给我们拓展一些课外知识，每次老师讲授课外知识后，对于我这种知识面窄的人来说，想要跟上老师的步伐好难，所以每次尽力去听老师讲，也尽量去记老师拓展的东西。因为我知道那些都很重要，对于我们后期的实践也很有用。开始内容少的时候还好，我课后会去查阅那些不懂的地方，但后面的内容越来越多，拓展得越来越广，我就不愿再去查阅资料，有了一次懈怠后就有了第二次、第三次……

后来有一次课，我再次试着去听，发现老师讲的东西很实际，老师会画图给我们讲解，感觉很直观、很形象，而且老师讲的东西感觉像一张网一样，每个地方都有一个连接点，但是如果我有一个环节有一个点没注意听，那么这个网就很难连接起来。

此外，阅读同学们撰写的课程学习民族志，可以掌握学生对知识的掌握和能力的提升方面的具体程度，并对后续的教学方式极具启发价值。图2是来自缑剑锋同学提交的学习民族志的部分内容，其中包括该课程核心的知识框架和讲课逻辑顺序。在课程初期，在介绍社会科学研究的一般过程后，会介绍质性研究的全过程，也即从选题到论文写作的完成。阅读到这部分内容，让笔者意识到学生能够对课程的核心体系的识别。

同时，深入解读文献也是课程的一部分。如果说质性研究方法是一个建构的过程，从一部分到另一部分的学习获得研究过程的全貌，那么深入解读文献就是把已发表的值得学习的文献进行解构。尽管有质性研究者强调理论悬置，但对于初学者或者要知晓研究的创新性如何，阅读现有文献依然是质性研究者必不可少的环节。在课程中，笔者会推荐一些阅读的文献，并展示给同学们（如图2右下部分就是笔者阅读文献的一部分，也被学生纳入其课程学习民族志）。

从图2中学生的反馈来看，笔者这种带学生快读文献的技巧和方法对学生来说是受欢迎的，也是有效的。在教学过程中，笔者也会自我披露这种阅读文献的方法来源于在攻读硕士和博士学位阶段的学习经历，尤其是在博士阶段，这种文献阅读产生的文本是诸多课程内作业的一部分。在展示案例之后，笔者要求用同样的方法阅读各组选题相关的文献。实践表

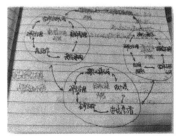

在老师的手把手指导帮助下，我渐渐知道如何看一篇长论文，基本掌握了看论文的方法和技巧，能够从论文的系统阅读中，挖掘出我希望收获的信息。在课程学习中，我和组员一起浏览分析过太多论文，在尝试使用老师介绍的方法后，能够把握作者的具体写作思路和研究框架。

	原文	笔记	反思
题目	"这是一种背叛"：乳腺癌患病的定性研究	吸引人？（符合什么标准）	引号，源于何处？何种背叛？
Abstract		快速获得论文基本信息	
INTRODUCTION	For instance, one of our participants identified anal problems as a "kind" of betrayal, comparable to the emotions she felt when first diagnosed with breast cancer	研究问题：effect on everyday life—研究方法：Qualitative research can illuminate the social impacts of such conditions（点问题）	（以及何）：longitudinal study（时间维度）

图 2　学生学习自我民族志的部分内容

明，这种训练方式是有效的，但对于同学们的自律要求较高。同时，识别"好"的文献对同学们来说还有难度，这也需要教师有更多的投入和指导。

4. 实地研究与实训

如前文所述，掌握知识是其中的一个目标，而学会应用更为重要。现实表明，无论在本科生的学位论文还是学术竞赛的文本，都体现出方法自觉方面的不足。对于社会工作专业而言，质性研究的方法以及技术，例如个案研究、扎根理论等，运用场景多但实际使用并不娴熟。在课程中多进行实训是一种可行的方法。

在"质性研究方法"课程中，研究的训练主要包括文本的撰写（选题、研究设计、访谈提纲、论文）和研究核心技术（访谈、观察、编码）的运用。在课堂上需要同学们模拟演练，部分小组的同学也会有教师参加到实地与访谈对象进行访谈。在实际训练过程中，同学们对方法的体悟也使其充满收获的兴奋。例如谢忍同学在学习撰写民族志中的过程中，记录其学习编码和案例解读后的感受：

接踵而来的则是如何对访谈记录进行三级编码。在访谈过后，每次整理访谈记录，我都会对照着录音听和"码字"，以防有所错漏。而在整理之后，我又会有一种"少了点什么"的感觉，但我以前也没在意。老师讲了三级编码后，我才恍然大悟，对于一份访谈记录，如果缺乏问题、回答等内容的关系梳理，那么这份访谈记录的作用就会大大降低。时间、环境改变，关系变化等都可以成为梳理的依据。老师在讲这些时，我的脑海里炸开了花——就是这样！

科研经历丰富的研究者都知道，研究能力的提升是一个长期、不间断学习的过程。对于教师而言，教学、科研、社会服务是主要的任务，科研是"工作"的一部分。而对于本科生而言，研究方法的掌握以及使用，往往不是一个频繁的过程，如何能够有更多的机会使其研究能力和习惯加以固化仍然是一个难题。

5. 学习过程中的应用导向

对于学生的选题以及实训的机会，笔者鼓励学生选择以"个人困扰"为出发点，一方面这种选题学生更熟悉，另一方面在研究的过程中也更容易建构应用知识的场景。这一原则与选题的另一个原则相辅相成，笔者也鼓励学生选择"有趣"的现象。

笔者在备课过程中有从"个人困扰"出发进行研究以及文献阅读的经历，即把个人的教学工作与服务工作相结合，并把这个过程披露给学生。在 2021 年，新生的生活、学业适应问题受到学院重视。学院希望笔者提供一些服务，于是笔者在准备服务计划阶段，阅读相关文献。阅读过程中发现陈向明主编（2003）的《在行动中学做质的研究》有杨艳玲的博士论文开题报告《大学生新生学习适应研究》。该报告不仅是笔者讲授"质性研究方法"中"研究设计"的好素材，还可以为笔者将要准备的服务计划提供知识上的线索。这种将个人生活与工作交叉的做法对学生选择文献以及议题，都是一种启发。

除以上文献，该书中董德刚的《"我"的试读——北京大学试读学生个案研究》也成为笔者建构针对以上学业适应存在不顺利学生访谈提纲的知识来源。该作者指出:"学生不努力学习或学业失败往往存在着深层次、更复杂的原因,并非我们所想象的那么简单。如果管理者和教师、家长不能深入挖掘这种深层次的原因,解决学生真正的思想问题,就很难达到满意的试读效果。"① 基于这几项研究,围绕新生适应议题就很容易设计访谈提纲,并探索服务模式。

四、教学实践过程的反思

上文强调,质性研究方法的知识部分是可教的,也是易教的;然而如何形成能力,并能开展创造性的学习、研究,却是难教的。相较于定量研究中方法的技术部分,定性研究对研究者本人的要求却是难以在教学中实现的。经过两年的教学实践,就以下几个方面提出一些反思。

(一) 学生的学习过程

在近几年的高校课程建设中,线上线下精品课程的建设成为趋势。由于疫情的影响,线上教学成为准常态。该课程 2020 年申报成为校级线上一流课程,大部分教学内容"搬"到了学校教学平台。按照要求,部分课程线上学习(学生线上自学),部分的学时在线下。但根据笔者的研究②,笔者对学生线上学习的过程和效果始终存疑。因此,这也导致线上和线下结合存在难题。

在教学过程中,绝大多数同学能够跟上课程的节奏,尤其是作业的跟进。小组的作业也即研究课题的实践,完成度还需要进一步提高。除了研究方法本身的一些难点之外,还与研究团队之间的协调有关。正如课程中所指出的,合作研究并不简单。这从另一方面也可以看出,合协作者的选择以及团队的维护同样需要同学们认真投入。

研究者与议题的契合以及持续的投入,是质性研究方法的不可教或

① 黄德刚."我"的试读——北京大学试读学生个案研究 [M] //陈向明. 在行动中学做质的研究. 北京:教育科学出版社,2003:314.
② 2020 年笔者承担完成了浙江省教育科学规划课题"疫情与教育"专项课题"疫情期间大学生学习注意力分配模式及教学策略调整研究"(2020YQJY258)。

者难教之处。笔者也赞同"概念与经验的连接"是研究入门的难点，而且也深受其困扰。一个研究问题往往涉及复杂的经验和理论问题，对于初学研究方法者而言，尽管重心在于研究方法本身，但研究的实质问题所具有的积累对写出一份初步像样的论文来说，理论知识的掌握同样必不可少。

由此，学生在学习过程中应注意以下问题：（1）课程的学习除了课堂上的听和做，更需要课后的自主学习。掌握知识重要，应用知识也重要，这需要同学们在学习方法上要有自觉；（2）课程大纲以及推荐阅读的材料要仔细研读。（3）参考学长们的作业也是一种必要的选择。（4）小组的协作需要组长督促，也要组员之间相互配合。

（二）教师的教学过程

在教学过程中组织形式比较多元化，同学们的反馈也较为中肯。据教学实践，详细批阅学生的作业以及课堂教学的讨论对学生迅速掌握研究方法更有效。在未来的教学改进方面，课程知识模块以及训练模块也还需要进一步细化。

实际上，在教学过程中，除了访谈法涉及自我披露之外，笔者自身在研究的应用以及对学生的讲解过程中也存在一些不确定。如陈向明所言，"作为师傅，最好的辅助徒弟的方式是坦露自己内心的不确定性和自己的思考步骤"。① 但一个学期的课程比较难在如何从多个议题深入讨论，最终完成完整的研究。

在教学设计方面，也需要不断深入设计，尤其在研究案例和技术训练部分。例如在文献阅读方面，要加强对现有好的教材、论文等教学材料的准备。例如陈向明等人（2006）主编的《社会科学研究：方法评论》中于泽元的《一个质化个案研究的设计》就可以运用到研究设计的环节。同样地，武晓伟等主编（2013）的《质性研究：实践与评论（第一卷）》也都是可以运用到教学过程中的教学材料。将现有的材料与教学过程中产生

---

① 陈向明. 质性研究：反思与评论（第贰卷）［M］. 重庆：重庆大学出版社，2010：序言Ⅲ.

的材料相结合，将是今后教学努力的方向（见表4）。

表4   "质性研究方法"课程的教与学

教		学	
内容	形式/途径	内容	形式/途径
学科知识	视频与现场教学	知识学习	自学与笔记
研究经验	案例解读	经验学习	文献阅读笔记
研究能力	自主/小组研究	知识运用	小组研究

(三) 作业的深度应用

在已开设的两个学期中，课程均伴有相应的练习和作业。如前文已经指出的，这些练习是课程的一部分，而且也促成了教学相长。笔者目前也逐步积累了大量的教学资料，而如何更为深度地应用还需要进一步思考。

目前的应用主要体现在两个方面，一是作业反馈，二是为后续的教学提供参考。这些作业也成为学生相互学习的良好材料。经过两年的实践，笔者尝试鼓励学生对自己最终作业的持续关"经营"，争取能够发表或者参赛。在前几次的课程中已经有部分同学做到，并产生了积极的效果。或许在将来，课程的建设与学业导师结合起来，也是一个探索的方向。

五、小   结

本文以自我民族志的方法回顾了开设"质性研究方法"的实践过程，对课程知识性教学内容的"可教"与创造性内容的"不可教"进行了探讨。以质性研究方法教质性研究，以质性研究方法学质性研究，是该课程的精髓之处，能力导向的研究方法教学应是建设一流课程的方向。

回顾课程开设的过程，至少在以下几个方面或许对其他教师以及学生会有一些启发。知识性的教学内容可以更为条理、模块化地呈现，学生的自学以及教师的反复提及可以促使学生更快地掌握知识。而在方法的使用方面，需要教师和学生共同的投入，在研究训练中提升教学的质量和学生科研素质。课程与学生科研训练项目的结合也是该课程的经验之一，这需要在课程的前后教师和学生的深度合作，也需要学生对科研的热情和主动投入。因此，在建设国家一流专业的过程中，建构更为紧密的师生共同体，搭建教师—学生的协作网络应该是长远提升学生研究能力、促进教学相长的可行道路。

"社会工作实务"课程对大学生职业价值观的影响①

尹木子　翟小亚

突如其来的新冠疫情，让全社会应对非常状态的应急能力受到全面考验，也给我国社会治理体系和治理能力带来新的思考、提出新的要求。完善重大卫生公共危机应急体系建设问题成为广受关注的新热点，提高城乡社区精治共治法治水平成为社会各界的新共识，而要落实上述问题无疑需要强大专业的社会工作者队伍。以社区工作者为代表的社会工作者作为社会治理人才体系的一个重要组成部分，在疫情防控和疫期社会治理中发挥出不可替代的重要作用。这次疫情，促使各方面共同思考如何加强我国社会工作者队伍建设，同时也为各高校如何培养社会工作人才提供了新的视角。

目前，我国社会工作人才教育的培育发展机制已经基本建立，2019年度累计有53.3万人取得了社会工作者职业水平证书。在此次抗击疫情过程中，我国社会工作者开通心理服务热线，为社区居民提供心理咨询和情绪辅导。同时，社会工作者还为社区独居老人、长期患病者、残疾人等提供

---

　　①　本文系浙江省省级社会实践一流课程"社区服务实务"阶段性成果。作者简介：尹木子，女，吉林长春人，浙江师范大学法政学院副教授。翟小亚，女，河南济源人，浙江师范大学社会学2020级研究生。

日常照料。由此可见，社会工作者在应对突发疫情时发挥着专业性和服务性并重的作用。

但是，长期以来，社会工作的教育和人才培养方面还存在一些亟待解决的问题。比如，许多社会工作者还缺乏心理干预、公共卫生等相关的知识和能力，应对和化解危机事件的能力还显不足，为弱势群体提供心理辅导、情绪调节和社会支持等方面帮助的专业性还没有充分发挥出来。又如，社会工作的人才培养和社会需求之间还存在脱节，社会工作教育培养的本科生和研究生还有一部分没有输送到社会工作的对口单位。再如，我国社会工作还没有得到一些地方政府和社会的充分认可，社会工作者的待遇还很低，从而导致社工人才的流失。可见，为了更好地适应社会发展以及应对突发事件的需要，如何培养各级社会工作人才队伍正确职业观，成为社会工作教育和培养值得思考的至关重要的问题。

"社区服务实务"自 2003 年成为浙江师范大学社会工作本科生专业必修课，课程实务特征显著，目的是培养学生承担社区工作所必须具备的宏观思维和灵活的技巧方法。该课程注重以能力为导向，凸显人才培养特点，以学生为主体，以能力为驱动，对学生以后从事社区工作必须具备的主要能力进行提炼，反向设计社区类课程，依托课堂基础理论和课外专业实践，运用具体社会工作项目进行实训，依次从基本了解社区到制定社区服务项目，全方位提升学生解决实际问题的能力，加深学生对宏观层面的社会网络和社区工作实践技巧的微观理解，以期学生能应用社区工作相关理论、概念和策略，确定社区的优势和问题，掌握社区实践方法，独立进行项目策划，从而更好地服务社区居民。笔者希望在此课程中添加职业观教育，更好地发挥专业服务社会的效用。

《2018 年度中国社会工作发展报告》显示，我国目前已有 348 所院校开设了社会工作本科专业，150 所院校开设了社会工作硕士专业，社会工作专业相关的博士点也达到 17 个，每年的社会工作专业应届毕业生将近 4

万名，社会工作教育获得了快速的发展。但是我国社会工作起步较晚，发展尚不成熟，在发展过程中出现了较多的问题。例如，社会工作专业学生存在着职业认同感低、自身能力不足、付出与收入失衡以及资源分配不均等问题。这些问题往往会导致社会工作专业的学生最终未选择从事相关职业，存在"管道泄露"的现象。① 除此之外，据我国教育部统计，2022届高校毕业生规模达到1076万人，同比增长167万人，这一数字再创历史新高。② 就业形势本就严峻，再加上疫情的影响，社会工作者流失问题可能会再次加重。在社会工作专业学生从事社工职业的选择取向中，职业认同是影响社会工作专业学生就业的重要因素。笔者以社会工作专业的本科生为对象，在"社区服务实务"课程开始前进行了一次调查，在课程结束后又进行了一次调查。通过两次调查数据的对比分析，探究影响社会工作专业学生职业选择的因素有哪些，并阐明学生预期的就业环境究竟为何？

职业认同是由同一性发展过来的概念，它与个人的职业发展有着密切的联系。Erikson率先提出"同一性"的概念，个人在成长的过程中逐渐认识到自己的基本特征和自己在社会上的角色是同一性形成的过程。③ Meijers则认为职业认同是心理逐渐成熟的过程，职业认同与个体的兴趣、能力和价值观密切相关。④ 近年来多项研究表明，职业认同感低是社会工作者人才流失严重的主要原因。只有具备职业认同感，社会工作者才能够更好地发挥自身的专业价值、主动地进行社会服务，从而提升职业效能感

---

① 崔宝琛，彭华民. 社会工作专业学生"管道泄漏"——职业选择多元化的现象透视、逻辑溯源与调试路径 [J]. 社会工作，2019（3）：53-67，110-111.
② 2022届高校毕业生首破千万 [EB/OL]. [2021-11-22]. 中华人民共和国教育部，http://www.moe.gov.cn/jyb_xwfb/s5147/202111/t20211122_581508.html。
③ Erikson. Identity：Youth and Crisis [M]. London：Faber and Faber，1968：247-250.
④ Meijers. The Development of a Career Identity [M]. New York：Kluwer Academic Publishers-Plenum Publishers，1998：191-207.

并愿意继续从事该行业。关于社会工作职业认同的研究，我国学者们主要从影响因素分析、对策建议等角度展开。安秋玲以上海市 472 名社会工作者为研究对象，发现年龄、学历、人际关系满意度、工作环境、家人支持度以及人格等因素会对社会工作者的职业认同产生影响。① 除此之外，职业倦怠和工作投入也会对社会工作者职业认同产生负面影响。② 姜海燕和王烨安认为自我效能感也会影响社会工作者的职业认同，自我效能感越低，职业认同感就越低，就越容易产生离职行为。③ 社会工作专业是一门实践性很强的学科，职业认同的高低将会对他们的工作产生显著的差异。因此，加强社会工作者的职业认同、提升他们的职业价值将有利于该专业的发展。

当前我国社区整体上存在行政化导向，社区内部组成成分复杂，居民之间隔膜化严重，伴之以征地拆迁等矛盾，社区内部存在危机，社区活力难以激发和调动，普遍存在着居民参与不足的困境。面对此问题，社会工作者参与基层社区治理，以自身的社区工作方法对社区问题进行干预，力求实现社区实际意义上的"共同体"，实现社会整合。政府也希望专业社会工作者的介入可以推动社区治理的进步。实际上，社会工作者在整个社区参与的实践过程中一定程度上实现了对社区的治理，却也暴露出自身固有的局限性。政府虽然希望社会工作者介入，但是却也存在投入经费有限、实际需求缺口小等问题。此次调查主要通过探讨社会工作专业学生社区参与的过程机制，深思社工"嵌入式"发展对社工学生培养、社工未来职业定位带来的巨大影响，从而最大限度地纠正偏差，实现社会工作者自身的价值目标。

---

① 安秋玲. 社会工作者职业认同的影响因素［J］. 华东理工大学学报（社会科学版），2010，25（2）：39-47.

② 裴婷昊. 社会工作者工作满意度的影响因素及其机制研究［J］. 社会工作，2021（3）：79-90，109-110.

③ 姜海燕，王晔安. 承认的作用：基于社会工作者离职倾向的实证研究［J］. 江苏社会科学，2016（4）：149-158.

一、社工学生职业观演变

（一）基本情况

第一，在人数及性别比例上，总参与人数 29 人，其中男性占比 31.03%，女性占比 68.97%。第二，在民族分布上，汉族占比 75.86%，回族占比 3.45%，壮族占比 6.9%，维吾尔族占比 6.9%，哈萨克族占比 6.9%。第三，在政治面貌上，共青团员占比 93.1%，中共党员（含中共预备党员）占比 6.9%。

（二）专业发展前景

1. 专业发展前景态度

在图 1 所示的 3 个选项中，选项"乐观"从课前 31.03%下降到课后 28%，选项"一般"从 65.52%下降到 60%，选项"不乐观"从 3.45%增加到 12%。如图 1 所示，选项"乐观"和"一般"都出现下降的趋势，选项"不乐观"却呈现上升的趋势。其中，持乐观态度的仅占 1/3。可见，大多数学生对社工专业的就业前景并不十分看好，且在课程结束后，学生中持"不乐观"态度的人数还有了提升，说明经过实务课程的学习，降低了学生对社会工作专业化前景的预期。社会工作专业在快速发展的过程中存在很多问题，例如学生转专业率高、专业学习主动性低、专业就业形势不好、薪资待遇差等。社会工作专业在许多高校没有得到足够的重视，资源配置不到位，高等教育"重科研、轻教学"的导向又与社工专业的实践性相冲突，这严重限制了社会工作专业的发展和完善。① 学生们无法建立

---

① 苏明，李昌阳. 社会工作教育现状及本土化对策的探讨——基于广西的研究 [J]. 社会工作（下月），2010（4）：52-55.

起对所学专业的信心，从而出现了对专业发展前景态度一般的情况。

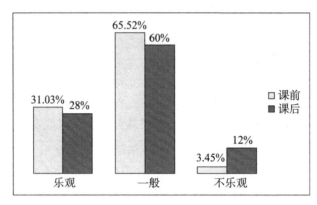

图1　专业发展前景态度

2. 专业就业形势态度

学生们对就业形势的态度会影响他们未来的就业选择。在图2的五个选项中，选项"比较好"从课前48.28%的占比降低到课后的24%，呈现出大幅度的下降，选项"一般"从课前44.83%上升到课后的60%，选项"比较不好"从课前的3.45%上升到课后的12%，选项"非常不好"从课

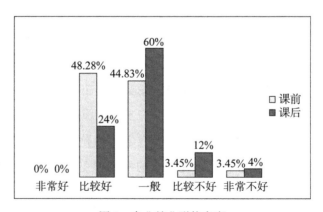

图2　专业就业形势态度

前的 3.45% 上升到课后的 4%。对就业形势积极的态度都呈现出下降的趋势，而消极的态度都呈现出普遍的上升。这表明，在"社区服务实务"课程结束后，学生们对社工专业就业形势认可度降低了，对社工就业形势持一般态度的占比超过一半。可见，在经历一个学期的课程学习后，同学们更清晰地了解到了社工的工作情况，对于社会的就业形势的积极判断出现了降低的趋势。说明实务课程的学习降低了学生对社会工作专业化前景的预期。学生在课程中，感受到理想与现实的落差，加上自身能力在实务中的不足，导致他们产生消极的态度。那么专业实务课程的设置是否会真的影响学生的就业态度，需要进行更深层次的研究。

(三) 社会工作专业学生毕业去向及影响因素

1. 就业方式的选择

如图 3 所示，在 3 个选项中，选项"校方推荐"从 37.93% 降低到 36%，"人际关系"从 3.45% 增加到 16%，"自身实力"从 58.62% 降低到 48%。其中，"人际关系"选项在学生就业选项中重要程度提升，"校方推荐"和"自身实力"在学生就业选项中重要程度则出现下降，但仍然占据重要位置。这说明，在实务课程的学习中，学生开始建立起自己的人际关

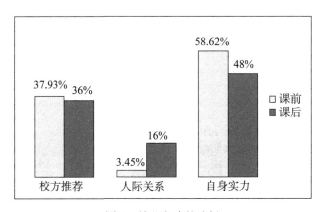

图 3　就业方式的选择

系。积极的人际关系能够激发社会工作者的动力，有利于提升社会工作者的职业认同。但是，学生通过一学期的课程学习，其自我效能感较低，对自我能力认可度降低。高的自我效能感有助于社会工作者产生职业认同，学生在与社区工作者、社区人员、机构工作者互动的过程中，感受到他们的情绪，因此产生了低自我效能感。

2. 毕业后去向安排

如图 4 所示，在学生毕业后去向安排的五个选项中，选项"直接就业"从 10.34% 增加到 16%，选项"考公务员"从 10.43% 增加到 20%，选项"考研"从 75.86% 降低到 64%，选项"出国深造"前后都是 0%，选项"其他"从 3.45% 降低到 0%。其中，"直接就业"和"考公务员"的比例均有较大提升，选择考研的比例略有减低，但依然占据主导；无人选择出国深造，可能是由于疫情的原因，此外学生从事其他工作的意愿也不够强烈。可见，考研热成为一种趋势，2022 年考研报名人数达到 457 万，越来越多的学生选择考研。另外，学生认为社工专业本科文凭就业的出路并不明朗，难以达到自己的预期，所以社工专业学生考研积极性较强；疫情下社会不确定性增加，加之实务中所知所感，选择考公务员可能是一条比较好的出路。

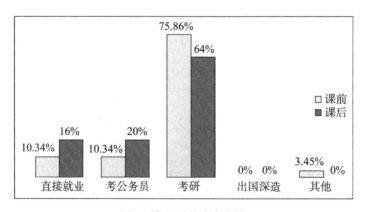

图 4　毕业后的去向安排

3. 工作中看重条件

在图 5 的五个选项中，选项"领导做事风格"从 34% 增加到 60%，"薪水"从 72.41% 增加到 92%，"自我发展空间"从 75.86% 增加到 84%，"同事之间相处氛围"从 58.62% 下降到 56%；其他从 6.9% 下降到 4%。其中，"领导做事风格""薪水"和"自我发展空间"越来越得到学生的重视，而"同事之间相处氛围"问题并没有成为学生工作中遇到的显著阻力，学生对其敏感度降低。可见，学生经过实务训练之后，对于工作条件中的硬件要求逐步提升，对于直接领导的行事风格更加关注。总体来看，"薪水""自我发展空间""领导做事风格""同事之间相处氛围"都会影响学生的工作选择。其中，"薪水"是同学们最为关注的选项，建立合理的薪资体系是提升职业认同感的重要途径。机构的组织氛围也会产生积极的影响，文化氛围越好，就越有可能提高社会工作者的职业认同感。

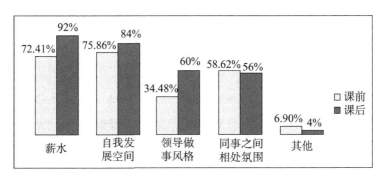

图 5　工作中看重的条件

4. 工作后期望月薪水平

在图 6 的四个选项中，选项"5000 以内"从 6.90% 下降到 0%；选项"5000~10000"从 75.86% 上升到 88%；选项"10000~15000"从 6.9% 降

低到4%；选项"15000 以上"从 10.34%下降到 8%。其中，学生对于"5000~1000"的月薪期望水平占绝大多数，对于"5000 以内"的月薪期望已经不复存在，对于 10000 以上的月薪期望水平都处于降低状态。可见，学生通过一学期的课程学习，对于社会工作的薪资水平有了客观的了解，对于自己的能力与社会工作职业薪资的匹配度有了合理的调整，整体来说比较客观真实。

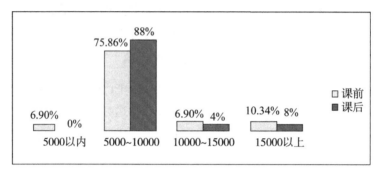

图 6　工作后期望月薪水平

5. 工作单位的福利

在图 7 的五个选项中，选项"五险一金"从 93.10%上升到 100%，选项"出国进修"从 34.48%上升到 44%，选项"带薪休假"从 82.76%上升到 84%，选项"节假日福利"从 93.1%下降到 88%，选项"其他"从 3.45%上升到 4%。其中，"五险一金"最为显著，已经成为每一个学生的基本要求；"节假日福利"稍次，学生对其需求度仍然很高；"带薪休假"在学生中认知度依然较高。可见，学生通过一学期的课程学习，对于"五险一金""带薪休假"和"出国进修"的认知程度提升，对于其看重的程度不断提升。

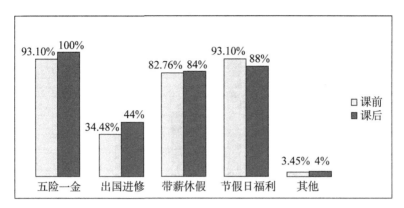

图 7 期待工作单位的福利

(三) 社工专业认同及就业影响因素

1. 社会工作的作用

如图 8 所示,选项"推动社会公平"从 65.52% 上升到 76%,选项"促进社会福祉"从 72.41% 上升到 84%,选项"维护社会稳定"从 68.97% 上升到 80%,选项"倡导社会变革"从 48.28% 上升到 52%,选项"促进社区和谐"从 82.76% 上升到 88%,选项"提升家庭幸福感"从 72.41% 降低到 68%,选项"改变服务对象的生活境遇"从 82.76% 降低到 80%。其中,提升家庭幸福感和改变服务对象的生活境遇均出现了下降,推动社会公平、促进社会福祉、维护社会稳定、倡导社会变革和促进社区和谐都有了提升。可见,学生在社区服务过程中,发现自己无力改变服务对象的生存现状,造成学生对于社会工作的直接可见价值评价降低,对于社会工作的抽象和政策价值评价提升。

2. 最核心的教育内容

在图 9 的五个选项中,选项"价值、伦理观念"从 75.86% 上升到

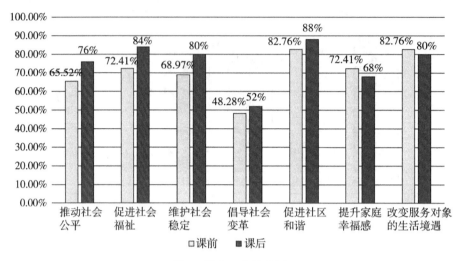

图 8　社会工作的作用

100%，选项"实务技能"从 96.55% 降低到 96%，选项"理论知识"从 62.07% 提升到 76%，选项"政策法规"从 44.83% 上升到 52%，选项"认同感教育"从课前的 3.45% 提升到课后的 4%。其中，课程结束后，"价值、伦理观念""实务技能"和"理论知识"所占比例均有提升。可见，学生在实务教育实践后，更加注重理论与实践的结合，且对价值和伦理观念极其看重。从我国社会工作发展的情况来看，社会工作虽然偏实践性，但是理论的指导也是不可或缺的。社会工作的培养也不应局限于某一方面，而是要形成多学科融合的趋势，社工的相关领域也比较复杂，涉及各行各业，如儿童社会工作、老年社会工作、妇女社会工作、家庭社会工作、医务社会工作等。但是，当前高校社会工作专业的发展存在一些问题，造成人才培养的不当。玉苗以布迪厄的理论作为指导，提出场域内的合谋和失衡是造成社会工作专业发展陷入双重境遇的根源。① 布迪厄指出，

　　① 玉苗. 教育场域的权力合谋与失衡：社会工作专业发展的双重境遇分析 ［J］. 社会工作，2016（4）：102-109，127-128.

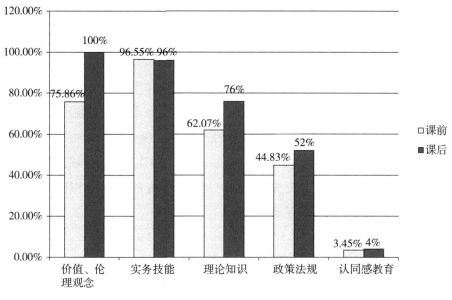

图9　社会工作教育核心内容

一个场域可以被定义为在各种位置之间存在的一个客观关系的网络，在这里，权力、利益、资本、社会位置是构成场景的要素，这些位置由权力或资本分配结构所决定，任何人要想获得利益，必须进入相应场域，而社会行为者一旦进入某一场城，也即获得了这个场域所特有的行为和表达的特殊代码。① 社会工作专业的服务对象主要是弱势群体，更倡导一种人文关怀；教师在教学的过程中也在努力培养学生的专业价值观，这是社会工作学习中所必需的。这样的理念在市场化的快速发展中被淹没，市场更看重的是经济利益。因此，社会工作专业不论在高校领域还是在社会领域都急需获得支持。

①　[法] 皮埃尔·布迪厄. 实践与反思——反思社会学引论 [M]. 李猛，等译. 北京：中央编译出版社，1998：133-134.

3. 社工学生的竞争优势

如图 10 所示，选项"沟通表达能力强"从 68.97%下降到"56%"，选项"具有很强的同理心"从 93.10%下降到 84%，选项"有丰富的实践经验"从 51.72%上升到 60%；选项"其他"从 6.9%上升到 8%。其中，学生认为沟通表达能力强、具有很强的同理心、有丰富的实践经验都是社会工作比较突出的优势；丰富的实践经验和其他综合素质能力逐步提升，而具有很强的同理心却存在下降情况。可见，学生通过一学期的课程学习，对于自身的沟通能力更为认可，但是对于专业的同理心作用在社区实务中的作用则出现了下降现象。

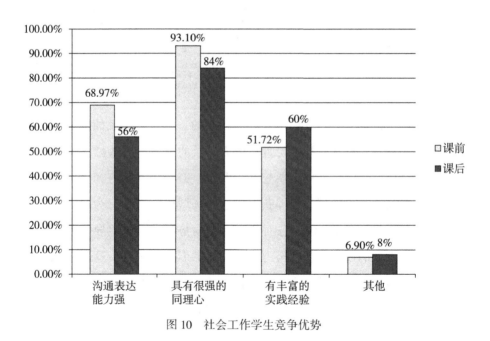

图 10　社会工作学生竞争优势

4. 社工学生欠缺的能力

在图 11 的四个选项中，选项"解决问题能力"从 55.17%下降到

48%，选项"沟通协调能力"从 75.86%下降到 48%，选项"抗压能力"从 41.38%上升到 64%，选项"工作实操能力"从 68.97%上升到 84%。其中，"抗压能力"和"工作实操能力"在课程结束后比例均有了提高，"沟通协调能力"和"解决问题能力"在课程结束后比例均有所下降。这说明，学生在实务过程中，意识到自己在抗压能力和工作实操能力这两个方面的不足，同时也看到自身解决问题能力和沟通协调能力上的优势。因此，教师在教学过程中，要及时关注学生这两个方面的情况。要成为一名合格的社会工作者，要想在工作中体现自己的价值，就需要重视自己目前缺少的能力并不断补足。既要提升自己的实践能力，同时也要不断提高抗逆力。社会工作专业学生要把自己学到的专业技巧和心理技能应用到实际的操作过程中，用专业的技能去服务案主并砥砺自我。

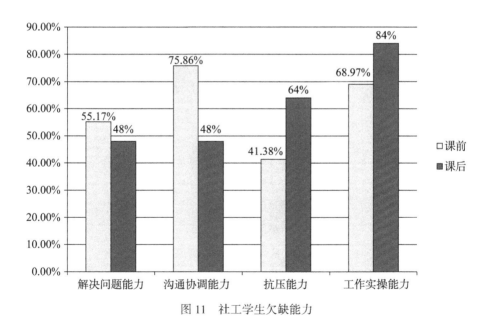

图 11 社工学生欠缺能力

5. 从事社工职业的意愿

如图 12 所示，选项"是"从 82.76%降低到 80%，选项"否"则从

17.24%增加到 20%。其中，仍有大部分学生愿意从事与社会工作相关的工作，但是一些学生已经不愿意从事与社会工作有关的工作。可见，学生通过一学期的课程学习，学生对于社会工作职业认同感下降，但是整体上仍然充满着对于社会工作专业本身的热爱。也就是说，通过这门课程的学习，学生的就业意向并未有显著的变化，说明教师的课堂教育并不会降低学生的职业选择，教师可以采取更为有效的方式，来提高学生的就业意愿。

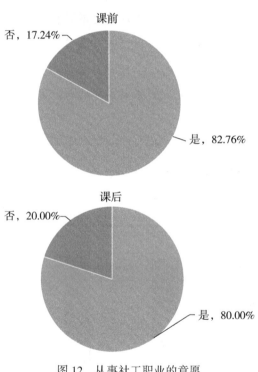

图 12　从事社工职业的意愿

6. 从事社工的影响因素

如图 13 所示，选项"专业兴趣"从 65.52%降低到 60%，选项"职业认同感"从 41.38%升高到 52%，选项"自身经历"从 34.48%降低到 20%，选项"价值追求"从 65.52%降低到 60%，选项"暂时过渡"从

20.69%变化为20%，选项"亲朋推荐"从13.79%下降到12%，选项"老师影响"从37.93%上升到40%，选项"落户政策"从6.90%增加到20%，选项"编制"从27.59%上升到40%，选项"工作轻松"从13.97%上升到20%。其中，"专业兴趣""价值追求""职业认同感""编制""老师影响"是主要的影响因素，可见，职业认同感降低，可能是因为在社会实务过程中遭遇了一些阻力，使学生对于社会工作的排斥感增强。可以获得编制的比例有所提高，可能是因为在实务过程中，学生发现有编制和无编制的工作状况有较大差异。同时，教师的指引对学生的影响也十分显著。

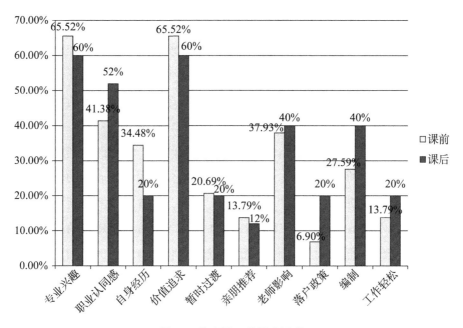

图 13　从事社工的影响因素

二、社工专业学生理想职业的分析

数据显示，社工专业学生心目中理想的职业具体为：社区工作人员、专业社工师、社工督导、国家公务人员、高校辅导员、中小学教师、舞蹈老师、心理咨询师、摄影师、律师、个体工商户、基金会工作人员、翻译人员、心理医生、一般企业、生涯规划师、创业者、自媒体工作者、销售、情感导师、财务管理师、研究员、模特。

在学习了实务课程之后，学生理想的职业中新增了销售、情感导师、财务管理师、研究员、模特 5 个职业；同时，对于专业社工师的分类更加清晰和明确。

由此可见，通过一学期的课程学习，学生对于社会工作的认同发生了分化，出现了更多元化的职业选择；学生对于从事社工的意愿出现了一定程度的降低，对于从事教师的意愿也出现了下降，反而更加倾向于从事公务员的职业选择。整体而言，学生理想职业并没有发生显著的变化，学生受制于自身专业和视野的限制，对于职业的选择出现集中与分化并存的现象。学生并未将社工相关专业作为自己的第一选择，可见学生的职业认同感不高。

职业倦怠也是影响职业认同感的一个重要因素。学生们看到社会工作者在从业过程中的倦怠心理，从而降低了对社会工作相关职业的认同。心理学家佛罗登伯格最早提出"职业倦怠"一词，后被用到多个领域的研究中。[1] 职业倦怠是指个人在工作中压力过大而产生的身心疲惫的感受，它是长期在工作中所形成的，而个人很难意识到职业倦怠的产生和发展。职业倦怠不只在社会工作者中出现，在高校教师身上也经常可以看到。社会工作者的职业倦怠主要与他们在从业过程中遇到的冲突有关。社会工作是一个有人文关怀的职业，但社会工作者却经常面临角色冲突、工作不被理解等情况，久而久之，他们就会采取消极的态度去应对，从而产生职业倦怠。这个时候，就需要社会督导予以帮助，社会机构也要介入，去提升社会工作者的自我效能感。如果社会工作者能够得到有力的支持，拥有良好的工作氛围，那么社会工作者的职业认同感就会有极大的提高。

---

[1]　Freudenberger. Staff Burn-out ［J］. Journal of Social Issues，1974：159-165.

职业认同感的提高会加强学生对于社会工作相关专业的信心，从而鼓励他们进入相关行业。目前社会上对于社会工作者的需求量较高，但是相关的从业人员却不足。只有高校、政府、社会机构共同参与到社会工作发展的建设中来，才能有效提升社会工作的职业认同感。学生们期待从事社工专业，但由于社会工作者目前发展中存在的问题，同时又心存畏惧。通过本文的分析，我们对社会工作的发展前景十分看好，但是我们需要解决的问题是，如何提高社会工作的职业认同感，让学生们放心大胆地从事相关职业。

三、针对社区服务实务课的建议

（一）社工专业学生前测与后测的现状

课前：依托社工机构品牌开展活动，督导和老师保持联系，共同指导学生，加强与社区的联系以避免信息不对称，提升课堂氛围，提供更为细致的方案规划，及时给予反馈并纠正学生问题，锻炼自己的实务能力，与人沟通谈话的实用技巧，学习婚姻家庭社工专业知识。

课后：重视技巧而非形式，老师开展一次专业服务演示并给予详细流程指导，避免活动安排与其他课程实务冲突，评价体系需要根据社区工作难易程度优化。实务过程不够专业，课程内容可以根据实际情况合理安排，重视前期准备；若缺少实务经验，可减少活动次数，若缺乏足够活动经费，可以协调社区提供更多的支持、更多的指导意见；对实务工作有些理想化，希望有更充裕的课程时间。

（二）社工专业学生前测与后测的分析

在课前与课后的统计中，针对课程的想法出现了较大差异。一方面，在实务课程，学生对于活动的前期准备、中间执行、事后反思均提出了建议，集中于活动的质量、活动的数量、活动的经费、活动的配合度、活动的有效度、活动的指导程度等；另一方面，对于实务之外，学生对于课程时间、课程开展、不同社区背景、各种关系问题，也都提出了自己的想法。

可见，通过一学期的课程学习，学生对于社区工作实务有了深刻的体验，既有正面体验，也有负面体验，其中负面体验更为明显，这可能与问题设置有关。在实务中，既需要考虑实务本身，还需要考虑实务之外的社会因素。在实务活动中，不仅要进行充分的事前准备和讨论，还应该重视活动过程中的精细化流程设置和指导，以明确学生行动。

（三）针对社区实务课程的提升对策

1. 从优势视角出发，发掘学生在实践中的正向体验

注重收集学生在实务过程中的积极体验，不仅要从问题视角出发审视社区实务课程，更要从优势视角出发，从社区实务课助力成长的角度出发，综合考察本课程的意义与价值。一方面，从历届的成功案例中吸收经验，建立一套系统的社区实务操作流程，进行讲解授课；另一方面，注重前期准备，在前期授课过程中不断优化活动方案，使得实践方案在小组内得到充分的讨论。对其中的每一个要素及困难进行充分的考量，从学生擅长的理论推演中获取充分的益处，进而规避在实务过程中遇到阻力后的负面情绪。

2. 加强与社区居民的联络，真正起到动员作用

关注社会工作专业学生与社区居民的互动，增强双方的关系黏度，避免突出的信息不对称与衔接障碍。在实践活动中要注重宣传和动员，宣传方式有很多种，无论是线上微信宣传还是实地深入社区宣传，都可使居民了解社会工作专业和社会工作者的存在。动员的形式主要表现为不同层面的动员，一是业委会主任的内部动员，涉及党委、业委会、居委会；二是社会工作专业学生的外部资源动员，涉及社会组织、商家和群众。总之，

在既定的社区中，一定要提前做好各方联络工作，保证进入社区的顺畅性和信息传递的准确性。此外，关注社区实务的本质意义，从社区实务的居民动员性视角出发，保证活动的有效开展，从而做到实质大于内容。

3. 导师应当参与观察，及时扮演好社工督导角色

教师应关注学生在实务过程中的突出价值观转向问题，并及时答疑解惑。社会工作专业学生的课程实践处在一个尴尬的境地。一方面，它们不是志愿者活动形式的短暂行动；另一方面，它们又不具备专业社会工作者的基础——长时期的扎根和足够的资源特点。社工专业学生实践中的挫败感十分显著：社会工作价值理念把无尽的雄心输送给他们，然后留给他们冰冷的现实。社工专业学生具有专业社会工作者的心愿，并且也具有极强的行动能力，但是实践时间确实有限，因此在实践活动中容易出现挫败感。这期间，同学们承受着来自多方的压力，没有足够的长期的精力对实践项目负责，他们的挫败感十分巨大。因此，需要及时对社工专业学生实务过程中出现的价值挫败感进行回应，帮助他们理解现实与理想的差距。

4. 提高社区资源的挖掘能力

社区社会工作者被视为"资源链接者"的角色，首要的能力培养应该是"资源评估"的能力培养，即从优势视角出发，发现社区的优势资源，以便于之后的利用和行动。这种资源调查的能力是建立在作为社会工作者可以调动得了这些资源的基础之上，即本身具有可以调动资源的资源。另外，作为一个具有"情怀"的社区社会工作者，对该关怀什么要有敏锐的判断能力，即需求评估的能力。但是目前，不是我们看不到社区的问题，而是社区的问题无法改变，社会工作者根本改变不了，或者尽力改变的范围实在是太小了。这值得进一步思考。

5. 及时接收学生的课程反馈，适时调整教学方法与策略

教师在教学过程中往往会出现两种极端，一种是过分重视理论，而忽

视学生的实践教学，认为理论学习大于实践学习；另一种则是过分重视实践，而轻视理论教学。学生们也经常苦恼于该重视理论还是实践，游走于二者之间，不能很好地进行平衡。因此，教师要及时倾听学生对于课程的反馈，帮助学生运用理论指导实践。同时，教师之间也要形成学习圈子，互相借鉴经验，为学生创造良好的学习氛围。教学的内容不应该被割裂，学生在探寻专业学习的路上，也需要教师的专业知识指导。因此，高校也应该加强教师团队建设，提升教师教学方法和技能，营造良好的教学氛围。

社会工作专业实习的阶段性与进阶性探索

——能力为本的视角

刘　梦

IASSW、ISFSW 以及 ICSW 三家国际机构是这样定义社会工作的：

> 社会工作是一种以实践为基础的职业和学科，旨在促进社会变革
> 与发展，社会凝聚力以及人们的赋权和解放。社会正义、人权、集体
> 责任和尊重多样性的原则是社会工作的核心原则。以社会工作、社会
> 科学、人文和本土知识为基础，社会工作理论协助人们和社会组织来
> 应对生活挑战并提高福祉。①

从这里可以看出，社会工作是一门理论与实践并重的专业和学科，因
此，在教育过程中，如何培养学生学好理论知识，成为课堂教学的主要内
容，而如何培养学生将书本知识与社会实践有机结合，就成为实习教育的

---

① 此处引用的为国际社会工作学院联盟"全球社会工作定义"中文译本，原文
如下："Social work is a practice-based profession and an academic discipline that promotes
social change and development, social cohesion, and the empowerment and liberation of
people. Principles of social justice, human rights, collective responsibility and respect for
diversities are central to social work. Underpinned by theories of social work, social sciences,
humanities and indigenous knowledges, social work engages people and structures to address
life challenges and enhance wellbeing." (https: //www. iassw-aiets. org/global-definition-of-
social-work-review-of-the-global-definition/)

主要内容。

根据《普通高等学校本科专业类教学质量国家标准》（下文统称"国标"）规定，社会工作专业在人才能力培养中，需完成不少于 800 小时的实习时数，并且专业实习必须有计划、有方案，配备督导或导师指导，以提升专业人才的"知识应用及职业工作能力"这一能力要求。社会工作专业实习是指"学校有计划、有督导地组织学生到机构或社区中接受社会工作实务技能训练和价值观培养的过程"。① 对于如何安排这些实习时间，最大限度地帮助学生完成实习，实现实习目标，国内的社工教育界都有不同的探索和研究。

目前国内高校最常见的方式就是，实习是分阶段进行的，一般是由社会服务（实践）、小实习（课程实习）和大实习（专业实习组成）。② 另外，还有一种做法就是进阶式的实习，它采取问题为本的模式，即把理论教学与实践教学分阶段、进阶式逐级展开：第一阶段，从社会实践体验开始，从体验中带回问题并进入基础课程学习；第二阶段，进入课程实习，将学到的专业知识运用到实习中；第三阶段，将实习中的问题带入专业理论课程学习；第四阶段，进入专业实习，将基础理论、专业知识运用到实习中，在教师指导下开展专业服务。进阶式教学的实施实现了理论与实践的有机结合。③ 但是，为什么要分阶段、阶梯性地进行实习？背后的理念是什么？这些问题似乎没有得到很好的解答。本文从实习对学生的能力要求入手，试图回答这个问题。

国内的实习研究更多关注的是实习结果，即：实习能够给学生、机构和教育者带来怎样的积极效果。一般来讲，社会工作实习体系是培养社会

① 史柏年，侯欣．社会工作实习［M］．北京：社会科学文献出版社，2003：2.
② 林霞．社会工作专业实习教学的阶段模式［J］，海淀走读大学学报，2005（1）：24-27；贾晓明，刘颖．社会工作专业实习体系的研究与实践——以北京理工大学为例［J］，北京理工大学学报，2009（1）：37-41
③ 刘梦，洪艺敏．妇女社会工作高层次专门人才培养探索［J］，中华女子学院学报，2015（1）：27-31.

工作专业人才的需要，也是国内社会工作专业建设的重要内容①，专业实习可以让师生获得对社会工作的自我承认，以及通过社会服务来获得政府的承认，帮助学生澄清和解决伦理冲突，提高实务能力，提高专业认同感。

至于实习的具体安排，很多学校采取的是阶段性实习，800 个小时的实习分别在第一至第四学年之间完成。与此同时，也有学者提出，社会工作专业实习对实习学生的专业认同产生了矛盾性影响：实习学生一方面非常认同社会工作知识，另一方面却不愿从事社会工作职业。② 导致这种情况的原因很多，但是否与实习本身的设计和安排有关？目前的文献中有很多在研究探讨实习的意义、过程、目的以及有效性，但是，对于实习到底要培养什么能力，如何根据这些能力培养的要求，建立相应的实习安排，很少有研究涉及。本文将从实习能力的角度入手，提出阶段性和进阶性实习的框架，试图回答上述几个问题。

一、社会工作专业实习的目标

从最早的社会工作教育开始，实践者和教育者就认识到，培养有效的实践者不仅需要学习实践的知识基础，还需要有机会学习整合理论并将其应用于实践。③美国的社会工作教育委员会（CSWE）提出了将实习教育作为 2008 年的标志性教学方法，肯定了实习教育在培养下一代社会工作者方面的重要性和关键作用（CSWE，2008）。此外，实地实习通过评估学生的能力和毕业准备，起到了把关的作用（Sowbel，2012）。由此可见，实习是

① 贾晓明，刘颖. 社会工作专业实习体系的研究与实践 ——以北京理工大学为例［J］. 北京理工大学学报，2009（1）：37-41.

② 李棉管，岳鹏燕. 专业认同的悖论：社会工作专业实习的意外后果 ——职业社会学的解释视角［J］. 社会工作与管理，2020（2）：49-57.

③ Raskin, M. S., M. Bogo, J. Wayne. Revisiting Field Education Standards［J］. Journal of Social Work Education，2008（44）：173-88.

促使社工专业学生知行合一的重要途径。

中国台湾学者曾华源在他的《社会工作实习教学——原理与实务》一书中指出，专业实习要实现这样几个目标：第一，专业智能，协助学生学习理论与实务结合的能力；第二，专业自主，培养学生独立思考和成熟判断与行动的能力；第三，专业自我，意识上的使用自我；第四，专业认同，培养学生认同专业价值，并对专业理想有所承诺；第五，专业成长：在学习服务案主的实习情境中，学生不断做反省批判、研究和改进，以促使个人成长。

国内社工教育界对实习的目标的界定，比较流行的说法是，"以个人本位理念为依据，提升反思与行动的综合能力；以知识为本理念为依据，提升参与实习教学各方理论与实践、专业研究与服务相结合的能力；以社会为本理念为依据，探索多方合作机制，扩大专业服务的社会效益"①。也有人提出了三个层面的社工实习目标，如图1所示。②

图1　社工实习教育目标的层次与内容

这里涉及的内容都是知识层面的，很少涉及能力层面，那么，社工专业实习到底应该具备怎样的能力要求呢？

①　史柏年，侯欣. 社会工作实习［M］. 北京：社会科学文献出版社，2003：19.
②　余冰. 回到基础：社会工作实习教育基本问题再探讨［J］. 社会工作与管理，2014，14（1）：85-91.

二、专业实习的能力要求

国内学者对专业实习的重要性和目的的认识是高度一致的，如何评价实习制度建设是否合适，或者评价实习过程成功与否？对此，学者们提出了一个新的概念，即实习的能力。

社会工作从业人员需要具有一定的能力与素养，这是一个国际共识。在中国社会工作教育中，有学者提出了关于建构社会工作专业能力的想法，① 但是，很少有人提及实习能力这个概念。

实习能力包括一整套具体的行为能力，尤其是强调更加具有整合性的专业能力。② 这些能力为本的具体技术包括：干预策划和实施、差异性运用自我概念、同理心和结盟、价值和伦理、路演能力、评估和报告撰写等。③ 这种以西方教育为主发展出来的能力在评估社工学生实习表现时，是非常有效的。我国一位香港学者指出，在用这些标准检测香港学生的实习能力时，就需要进行校正。④ 据此，香港城市大学社工系的学者们研究开发了一套适用于香港社工学生实习所需要的能力系统，具体内容如表1

---

① 刘梦. 中国社会工作教育者如何应对社会工作专业化的挑战 [J]. 中华女子学院学报，2007 (6)：32-39; 沈黎. 能力为本的社会工作教育——基于本土社会工作专业能力建构的视角 [J]. 社会工作 (实务版)，2011 (5)：5-7; 蔡屹，何雪松. 社会工作人才的三维能力模型——基于社工机构的质性研究 [J]. 华东理工大学学报 (社会科学版)，2012 (4)：17-26.

② Baartman, L., L. Ruijs. Comparing Students' Perceived and Actual Competence in Higher Vocational Education [J]. Assessment & Evaluation in Higher Education, 2011 (36)：385-398.

③ Bogo, M., C. Regehr, J. Hughes, R. Power, J. Globerman. Evaluating a Measure of Student Field Performance in Direct Service：Testing Religiosity and Validity of Explicit Criteria [J]. Journal of Social Work Education, 2002 (38)：385-401.

④ Tsang, N. M. Examining the Cultural Dimension of Social Work Practice：The Experience of Teaching Students on a Social Work Course in Hong Kong [J]. International Social Work, 1997 (40)：133-144.

所示。①

表1 中西方实习能力对比

能力要求	西方标准	中国香港标准
价值和伦理	用非判断方式来描述行为	表现出差异化地运用关系来理解案主的世界观、价值、期望与需求，以及社会工作助人过程的不同阶段
差异性运用自我概念	运用一系列技术和角色来实现预期的结果	运用协助性技术来助力案主袒露自己
同理心和结盟	语言表达温暖	获得同理心理解，对案主的感受和思维保持高度敏感
评估	从各参与方的角度来界定问题	评估案主可能推动改变的动机、能力和资源，将需求评估融入干预计划
干预策划和实施	对案主的不合适行为做出有效回应	发现并有效运用正式和非正式资源，来帮助案主实施改变
评估和报告撰写	及时提交书面报告	有能力准确地做不同类型的记录、计划书、报告、会议纪要，语言要精练
路演能力	突出信息的相关性	根据事实、观察和专业知识，对实务经验进行分析、评估和陈述

此外，还有学者对实习能力作出了更加简洁的说明：①同理；②积极的尊重；③温暖；④真诚；⑤语言沟通能力；⑥非语言沟通能力。我们发

---

① Chow, E., Cheung, C., Chan, G. Calibrating Field Practicum Assessment in Social Work Education with a Competency-Based evaluation Tool in Hong Kong [J]. International Social Work, 2018, 61 (2): 260-273.

现，这三种标准中有一些共同的内容，即专业价值观、同理心、沟通能力、专业技术运用能力、写作和表达能力。从这些能力来看，专业伦理与价值观、同理心需要价值层面的能力，其养成需要很多时间，而专业技术能力、沟通能力、协作和表达能力的培养则是需要反复训练的。①

三、阶段性和进阶性实习的路径

从学习理论的角度来看，社会工作专业能力培育需要反复地练习和运用，因此，在实习过程中，要鼓励学生不断地使用在课堂教学中学习到的技能，配合专业价值观，开展专业实践，不断发现、理解个体、家庭、社区、社会问题，找到解决方案，在督导的指导下，尝试用专业知识来设计服务方案，并将方案付诸实践，从而为将自己培养成为一名专业人士提供扎实的基础和保障。

从上述能力获得的难易程度来看，社工的实习需要分阶段进行，以进阶式地展开（见图2）。

第一阶段：课程实习（将课程学习的技术应用到实习中），即基础技能实践（沟通能力+基本价值观）。这个阶段实习的重要任务就是进入服务机构，开展观察学习、参与机构服务、了解机构的运作，发现服务契机。需要实践的主要能力包括：语言沟通与非语言沟通、收集相关资料、尝试运用专业价值观等，努力与机构、服务对象建立关系。

第二阶段：专业实习（需求评估和服务方案设计），即专业技能实践(专业技术+专业价值观+同理心)。这个阶段的实习的主要任务是进入机构，成为其中一员，找到服务群体，在督导的指导下，开始需要评估，设计服务方案，并开始与服务对象建立关系，为服务方案的实施做好准备。这个阶段需要实践的主要能力包括：沟通、关系建立、需求评估、方案设

---

① Fortune, A. E., Lee, M., Cavazos, A. Does Practice Make Perfect? [J/OL]. [2007-10-23]. The Clinical Supervisior, 2007（26）：1-2, 239-263. DOI：10. 1300/ J001v26n01_15 To link to this article：https：//doi. org/10. 1300/J001v26n01_1.

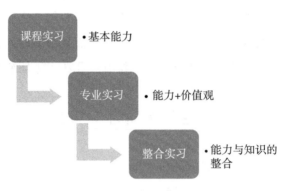

图 2　进阶式实习阶段

计、需求督导、运用专业价值观和同理心，更好地理解案主，与他们建立
信任的工作关系等。

第三阶段：整合实习（服务方案实施与评估），即专业技术+专业价值
观+同理心+报告撰写+沟通（路演）。这个阶段的主要任务就是，在督导的
指导下，实施服务方案，实践各种专业能力，完成评估和总结，做好结案
工作。这个阶段需要实践的能力包括：服务提供、评估、结案、总结、反
思等。

经过三个阶段的实习，学生的实习能力可以得到很好的提升。有研究
表明，学生在实习中对能力的使用频率越高，他们对能力的把握就会越扎
实，实习的效果也就越正面。① 此外，操作化的实习能力，可以更好地帮
助学校和机构客观评价学生的实习效果和收获，为实习教育的改进提供依
据。②

---

① Fortune, A. E., Lee, M., Cavazos, A. Does Practice Make Perfect? ［J/OL］.
［2007-10-23］. The Clinical Supervisior, 2007（26）：1-2, 239-263. DOI: 10. 1300/J001v26
n01_15 To link to this article：https：//doi. org/10. 1300/J001v26n01_1.

② Chow, E., Cheung, C, Chan, G. Calibrating Field Practicum Assessment in Social
Work Education with a Competency-Based Evaluation Tool in Hong Kong ［J］. International
Social Work, 2018, 61（2）：260-273.

四、结　　论

中国社会工作教育经过了 30 多年的发展，在人才培养、课程建设、教材建设和实习督导等方面积累了很多经验，取得了可喜的成就，我们需要不断总结经验，反思我们走过的路程，会有很多新的发现和感悟。从专业实习的角度来看，我们还需要进一步梳理实习制度建设的基础，总结成功的经验，找到存在的问题，反思实习对学生和专业发展的价值和意义，在讨论和设计实习制度时，除了强调知识应用之外，还要纳入能力视角，将专业成长与能力提升有机结合起来，推动中国社会工作教育特别是实习教育朝着专业化和本土化方向发展。当然，要做好能力为本的实习体系建设，还有很多值得研究的议题，例如，在中国语境下，社会工作专业实习能力如何建构？实习能力的要素是什么？与我国香港地区是否具有异同之处？实习能力如何与机构实务需求有机结合？通过这些问题的解答，能够为建构中国特色的社会工作教育体系，提供很好的借鉴和指导。

项目式学习在"社会行政"课程中的应用

裘　旋

一、"社会行政"课程教学现状

"社会行政"是社会工作专业的核心课程，它是西方国家在不断反思社会工作方法的基础上发展出来的一种宏观社会工作方法，它以社会组织为对象，探讨如何从行政管理的角度提供社会服务，也探求社会工作机构自身的发展和完善。这一方法在国外从 20 世纪 60 年代就开始发展，而在我国却于 2002 年才被纳入主干课程，相关教学、科研工作可以说起步不久。如笔者所在的高校 1999 年设立社会工作专业，但在 2011 年才开设"社会行程"课程。

社会工作是一门应用型的专业，社会行政作为一种间接的服务方法，尤其要求理论和实践的有机结合，所以老师们在教学过程中积极探索有效的教学方法。从已有研究可以看到，除了传统的课题讲授式外，小组讨论式、现场观摩式、视频学习式、翻转课堂式等都被不同程度地引入和应用，笔者也尝试对此门课程进行过两次教学改革。但由于课程本身的特性，这些方式都或多或少地存在不足，无法完全满足教学目标的实现。

二、"社会行政"教学的主要问题

(一) 学生实践的可及性差

"社会行政"是一种相对宏观的实务方法，涉及组织管理，在教学过程中，无法给学生提供一个真实的情境，哪怕有组织，让一个初涉专业的学生参与管理工作也不现实。所以现实中一般是举例子、听实务相关人员分享，知识相对零散，体验感不强，学生的知识获得感较弱，多是纸上谈兵，导致学生对这一方法的兴趣不浓，知识和能力的掌握也有所不足。而在行业中，随着国家大力推动社会工作专业人才队伍建设和社会组织的蓬勃发展，对于专业的管理人员的需求与日俱增，这一状况如果持续，将导致学校无法培养行业所需的合格人员，学生也将在未来就业中失去诸多良好的机会。

(二) 学生处于被动学习状态

由于"社会行政"课程实践可及性差，所以动手操作的训练相对较少，被动灌输式学习影响了学生的学习兴趣和积极性，也影响了学生的专业认同，课程目标中针对学生批判性思维能力、问题解决能力、团队协作能力和自我管理能力的培养也很难实现。

三、"项目式学习"方法的介绍

(一) 项目式学习模式的概念

考虑到"社会行政"理论性和实践性都较强的课程特质，再鉴于目前教学中存在的学生实践可及性差和学生处于被动学习状态的问题，笔者在近几年的教学中引入"项目式学习"（Project-Based Learning，PBL）模式，致力于解决上述问题。

PBL 模式起源于 20 世纪中叶北美倡导的生命科学课程改革，由美国神经病学教授 Barrows 于 1969 年在加拿大的 McMaster 大学首创，以学生自学与导师指导相结合的小组教学法模式开展。20 世纪八九十年代，PBL 模式在北美及欧洲迅速发展起来，目前已成为国际上公认的一种效率高、效果好的教学方法。与传统的以学科为基础的教学法有很大不同，PBL 模式强调以学生的主动学习为主，将学习与更大的任务或问题挂钩，使学习者投入问题中。它设计真实性任务，强调把学习设置到复杂的、有意义的问题情景中，通过学习者的自主探究和合作来解决问题。

（二）项目式学习模式的特征

（1）驱动性问题：这是 PBL 模式的标志性特征，所谓"驱动性"，体现在这个来自现实、需要解决的问题既是学习的起点，又能用来组织和激发学习活动，所以一个好的驱动性问题必须具有可行性、价值性、真实性、意义性和道德性。

（2）真实情境：PBL 模式的本质就是一套设计学习情境的完整方法，强调在真实情境中开展探究活动。

（3）多学科知识：复杂但真实的驱动性问题来源于现实，就意味着问题是多学科交叉的，学习者要想解决问题、创造出最终产品，就要综合运用已有的多个学科的知识。

（4）强调协作：项目式学习模式中，教师、学生及所有参与该项活动的人员相互合作，同属一个学习共同体，学习者要积极寻求和学习共同体中其他人的合作，建构对知识共享的理解，一起解决问题。

（5）最终产品交流展示：其本质是学生构建出对知识的理解，在公开共享后，这些产品能够为社会服务。

（6）学习技术支持：学习技术对 PBL 模式的支持，贯穿在整个学习过程中，对教师来说，要为学生提供技术支持，如计算机实验室、远程通信技术等；对学生来说，巧妙使用各种认知工具和信息资源，如信息检索、思维导图等，能更加清晰地表述观点、帮助学习。

（三）项目式学习模式的应用

PBL 模式作为一种教学模式，尽管在实施过程中，由于主（教师）客（学生）体以及学科、授课环境等的差异，具有灵活性，但也有公认的需遵循的一般程序。总体来说，包含提出问题、设计方案、实施方案、评估反馈、成果展示五个步骤。

（1）提出问题。项目式学习的核心是解决一个有意义的问题，这个问题应具有一定的挑战性，但又不至于让学生望而却步。在现实中，社会组织管理很重要的一项内容是进行项目管理，项目管理贯穿组织管理中的决策、人事、财务、评估等，而社会服务项目存在的主要意义就是根据社会问题找到社会需求并提供服务。所以在这一步骤中，教师和学生（分组）共同基于社会现实、个人关切或学术兴趣，聚焦于某一社会现象，提出一个有待解决的社会问题。

（2）设计方案。PBL 模式中学生需要保持持续性的探究，他们根据提出的问题，查找、整合和使用信息。主要是定义该问题中的群体，在这一步骤中，学生运用跨学科的知识和方法，从文献和现实调研两方面着手，使用各种研究方法，找准群体的社会需求，然后根据需求设计服务方案。找准需求是社会服务项目成败的关键，以往用案例或模拟的方式定义人群时，需求也往往是臆想的，导致设计的服务方案也非常的程式化。采用PBL 模式后，学生分组联系相关人员，找到真实的场景和人群来作为目标群体，通过联系社区、医院、学校、社会组织等单位，组织落实人群需求调查，在此基础上设计出有针对性的方案。

（3）实施方案。学生根据需求设计方案并在真实场景中实施，此处涉及领导决策、团队建设、人力资源管理（包括志愿者团队的招募和管理）、实施计划、项目督导等。为保证实施效果，教师团队应全程跟踪各个小组，并随时给予所需的督导服务。

（4）评估反馈。评估是项目管理中的重要环节，包括过程评估和结果评估，也包括内部评估和外部评估。在 PBL 模式的教学中，内外评估贯彻过程评估和结果评估两个环节始终。内部评估由小组成员自主完成，外部评估由教学老师和实施单位的相关人员完成，并随时反馈，方便学生小组修正、调整。

（5）成果展示。PBL 模式中需要学生向教师和同学以外的公众阐释并展示相关成果，这一环节既是学生和老师的压力，也是其动力。基于现实场景针对真实群体开展社会服务时其实一直有公众存在，包括服务对象、平台单位、校内外督导老师等。为了鼓励学生，教师团队准备了两个平台给学生以展示的机会。

①政府购买服务，将学生的服务方案和实施过程总结保存推荐给相关社会组织，以合作的形式参加政府购买服务，如公益创投、公益招投标等。

②学科相关竞赛，辅导学生以课程实践为基础参加省级社会工作模拟大赛、全国大学生创新创业大赛等比赛，实现学习成果的转化。

（四）学生案例展示

"减压班车"——公交车司机减压服务计划

1. 项目背景

近年来，以重庆公交车坠江事件为主的各类公交车司机与乘客冲突纠纷的事件报道大量涌现，司机与乘客的关系似乎被蒙上了一层"冲突"的面纱。排除部分乘客故意闹事以及部分司机个人品质的原因外，公交车司机这一群体的职业压力以及公交公司的体制问题可能是这类事件中更为客观、普遍、深层的原因。

针对这一特殊的职业群体，本组成员在去年通过观察、访谈及问卷调查方法在金华市内对公交车司机的职业压力情况及其原因进行了调查，调查发现公交车司机在工作过程中承受着来自多方面的压力，如长时间坐在驾驶位上与不规律饮食、不健康作息等带来的体能压力，工作中的行车安全责任、精神必须高度集中、职业认同感与自我效能感低等带来的精神压力与因公司管理制度不够完善、乘客的不文明行为、不尊重不理解以及投诉、社会大众给公交车司机"贴"上的"微笑服务"的文明标签等而导致的社会心理压力等。同时，近年来由于公交运营技术的更新加快，工作难度的增大，公交公司对司机能力和素质要求的提高等因素，司机们的工作压力也有了一定程度的增强。公交车司机压力不断增大，精神总是处于高度集中状态，情绪控制能力相对减弱，在一定程度上容易导致其在行车时、人际沟通时出现风险因素，间接给公共安全带来隐患。

因此，通过企业社会工作服务的介入，帮助公交车司机缓解职业压力，建立起稳定和积极的情绪态度，已成为目前一项迫切需要开展的服务，这不仅有利于公交车司机自身的发展，同时也有利于有效减少因公交车司机压力太大而引起的公交车事故，促进城市公共交通安全有序、文明和谐地发展。

2. 需求调查

2.1 需求调查

在确定以金华公交集团营运三公司作为本项目的开展场域后，针对公交车司机的职业压力状况与参与项目的意愿，本项目组通过网络问卷的方式对金华公交集团营运三公司的公交车司机进行了需求调查，以便我们在今后进一步明确与聚焦该公司公交车司机的需求，并根据其需求与对本项目活动的期望与要求对项目具体实施内容进行修改与完善。

2.2 结果分析

2.2.1 样本信息

此次问卷采取线上发放形式，共回收54份，调查对象中男性43人，占比79.61%，女性11人，占比20.37%。所有调查对象年龄均在60岁以下，其中30岁以下1人，51~60岁8人，31~40岁11人，41~50岁人数最多，共有34人，占比62.96%。文化程度以初中和高中人数及中专人数最多，分别有22人和26人，占比40.74%和48.15%。调查对象大多已结婚，未婚和离婚的分别仅有1人。

2.2.2 健康状况

所有调查者自我评估分为3.57分，仅仅略高于及格线，处于亚健康状态，整体不算良好。其中认为自己健康达到5分的有9人，占比16.67%；打4分的最多，有21人，占比38.89%；打3分的其次，有17人，占比31.48%；认为自己健康状况在合格线以下的有7人，占比12.96%。

总体而言，调查对象认为自己的健康状态合格，超过半数的人认为自己的健康状况良好，健康状况方面并不是最重要的需求。

2.2.3 压力状况

工作过程方面平均得分为2.26，大部分对象认为自己在工作之余的闲暇时间较少、在特定时间段内工作量较大、在工作过程中承担较多责任与角色，以及在工作过程中感到时间紧迫，但工作日程安排变动情况不多。

综合来看，对象的压力主要来源于工作过程方面，他们对于闲暇时间、工作量、工作过程中承担的角色以及工作时间有较多的考虑。

2.2.4 对项目活动的期望与要求

将近3/4的调查对象希望收获减压技巧的知识，超过半数的调查对象希望得到娱乐放松，接近半数的调查对象希望增进与同事的交往和与公司管理人员的沟通。

接近一半的调查对象希望活动持续时间在1小时以上1.5小时以下。

过半数的调查对象希望我们的活动形式包含交流会和知识讲座与培训。此外，超过40%的调查对象也希望有游戏与才艺表演。

综合来看，对象对于我们的活动需求主要包括提供减压技巧与娱乐放松，最好能增进同事之间与上下级之间的关系，活动内容也以知识型服务为主,兼有娱乐放松的游戏等,时间在 1~1.5 小时最好。

3. 项目目标

3.1 总体目标

运用小组工作方法,协助公交车司机有效缓解职业压力,提高其自主解决问题的能力以及同事间的互助意识,促进其身心健康和职业稳定发展。

3.2 具体目标

(1) 通过循序渐进的小组活动,协助服务对象进行良好有效的情绪疏导及压力管理,缓解其压力状况。

(2) 让服务对象知晓压力管理和身体保健的相关方法。

(3) 增进服务对象与同事的交往,促进其建立良好的人际关系。

4. 项目受益群体

4.1 直接受益群体

通过自愿报名、公司推荐以及社工自主发现等方式招募,最终确定了 15 名公交车司机作为我们的服务对象。

4.2 间接受益群体

(1) 公交车公司的其他公交车司机。

(2) 参加项目的公交车司机的家庭。

(3) 公交车公司。

(4) 社会大众。

5. 具体实施内容

5.1 项目实施地点

金华公交集团营运三公司。

5.2 项目总体计划及进度安排

具体安排如下表所示。

"减压班车"——公交车司机减压服务计划

序号	活动名称	活动地点	活动时间	主 要 内 容
1	起点站 减压首发站	金华公交集团营运三公司大会议室	2019.11.24	1. 相互了解与熟悉 2. 思考自身近期遇到过的压力事件,同时了解其他同事遇到的压力事件 3. 探索压力事件中的情绪,学习情绪是什么及如何管理等方面的知识
2	第二站 减压博物馆		2019.12.4	充分认识与学习工作及生活中的压力源及解决方法技巧,并积极运用所学到日常工作生活中
3	第三站 减压大剧院			巩固和运用上次学习成果,宣泄压力情绪,放松身心
4	第四站 减压加油站		2019.12.13	对前三次活动进行回顾,检验学习成果,最后道别与祝福

6. 项目预算

具体预算如下表所示。

物资	单位	数量	备 注
水壶、白开水及纸杯若干	/	/	由金华公交集团营运三公司提供
场地及桌椅若干	/	/	由金华公交集团营运三公司提供
彩笔	盒	3	每盒12色 由金华公交集团营运三公司提供
A3白纸	张	7	由金华公交集团营运三公司提供 6张用于拼成大白纸 1张用于制作游戏环节的纸棒

物资	单位	数量	备　注
A4 彩纸 （浅色，5 种颜色）	张	5	自备 用于制作"契约之花"环节的"花瓣"
双面胶	个	1	自备 用于制作"契约之花"环节的"花瓣"
大透明胶	个	1	由金华公交集团营运三公司提供 用于制作游戏环节的纸棒
A4 白纸	张	24	自备 用于制作"情绪调色板"环节的情绪彩条
剪刀	把	1	自备
小黑板及粉笔粉擦	/	1	由金华公交集团营运三公司提供
鸭梨	个	1	自备
《平心指南》	本	25	项目组成员负责制作 由金华公交集团营运三公司负责打印
气球	个	若干	由金华公交集团营运三公司提供
毽子	个	2	由金华公交集团营运三公司提供
跳绳	根	2	由金华公交集团营运三公司提供
乒乓球拍	副	1	由金华公交集团营运三公司提供
乒乓球	个	2	由金华公交集团营运三公司提供
交通费	24 元	8 次	共 196 元（自筹）

7. 项目评估

7.1 项目评估指标

	评估指标	预计达成水平	评估方式/证明材料
产出指标	招募服务对象数量	招募 15～20 人作为固定服务对象	观察记录
	服务活动	举办四次减压小组活动	影像资料
	减压知识宣传情况	制作一本减压和保健知识手册《平心指南》	减压手册原件
	服务对象压力的社会关注度	服务对象的压力状况得到公交公司和社会大众的关注	观察记录、微信推文或报刊材料
成效指标	服务对象压力减轻情况	参加活动的 60% 的司机压力得到缓解	前后测问卷比较分析、观察记录
	服务对象压力管理与身体保健方法知晓度	70% 的服务对象知晓压力管理与身体保健方法	前后测问卷比较分析
	服务对象与同事交往	较之前更多与同事有效沟通交流	每次活动的组员意见反馈表

7.2 项目评估方式

7.2.1 服务过程评估

（1）小组工作过程评估。根据每次小组过程记录及评估表、服务对象每次的活动评价对项目实施过程中服务计划的开展情况进行评估。

A. 社会工作者的引导技巧	a1. 整个小组的带领技巧
	a2. 语言的组织和语速、语调的控制
	a3. 引导组员分享、深化主题等

B. 社会工作者的反应技巧	b1. 聆听
	b2. 回应
	b3. 澄清
	b4. 观察
	b5. 总结
	b6. 同理心等
C. 社会工作者对整个小组的控制技巧	c1. 对时间的把握
	c2. 对小组节奏的控制
	c3. 自我披露和面质等

（2）社会工作者自我专业反思：

A. 社会工作者在项目中是否基本完成工作任务，是否达到项目目标和预期效果。

B. 实务操作经验是否充足。

C. 存在哪些需要改进的地方。

7.2.2 服务结果评估

（1）投入-产出评估：

A. 项目指标完成情况	a1. 小组活动完成情况
	a2. 社会工作者介入前与介入后公交公司与社会大众对司机压力状况的关心程度变化
B. 协议工作完成情况	b1. 企业根据实际情况与社会工作者协商完成的工作任务
C. 其他工作完成情况	c1. 服务过程中产生的问卷、宣传资料、调查报告等

（2）成效评估：

A. 评估内容。

a1. 企业对社会工作者工作态度的满意度。

a2. 服务对象对社会工作者服务的满意度。

a3. 服务对象对社会工作行业的认同度。

a4. 服务对象对社会工作者的认可度。

a5. 服务对象反映的服务效果。

a6. 服务对象对社会工作服务的总体评价。

a7. 企业对社会工作者工作能力的满意度。

B. 评估方式。

b1. 基线评估（前后测）。小组成员在小组活动开展前后分别完成同一份关于压力的问卷调查，以比较参加压力管理小组前后压力状况是否发生改变。

b2. 当事人影响评估。考虑到小组成员很有可能受到两次问卷填写时心情不同、突发事件的干扰以及对问卷问题的思考程度不同等客观因素的影响，在全部小组活动结束后，让组员完成一份小组活动评估表，从组员参与的主动性、小组关系、小组成长三个维度出发，组员对自身参与小组活动的效果进行评估，以此评估小组工作在建立小组关系、促进组员参与、实现组员和小组成长中的效果。

基于小组成员参与活动的积极性、小组内部组员间的人际关系以及小组成员与小组自身的成长，通过这些维度引申出不同的指标，从而引导小组成员对小组工作的评估，获得小组成员对小组活动效果的评价。三个维度的评估指标分别如下表所示：

·小组成员参与活动的积极性	·在参与活动时是否积极 ·是否乐于与他人分享自己的看法，并及时回应对自己的意见与建议

·小组成员内部的人际关系	·在小组活动中是否相互帮助、相互信任，彼此有真诚相待 ·是否感到与其他小组成员彼此认真的交流 ·是否拉近了彼此之间的关系
·小组成员以及小组自身的成长	·是否感到自己被重视、尊重、关爱以及有归属感 ·是否感觉自己的自信心与日俱增 ·是否理解自己的困惑 ·是否有所收获，预期目标是否得以实现 ·是否把从此次小组活动中学到的东西运用到以后的日常生活当中去 ·是否感觉参加此次小组活动对自己日后的工作生活有更好的帮助

b3. 企业管理者及出资方对项目及社会工作者的评价。通过与企业人事主管及出资方进行无结构访谈获取其对项目的总体评价资料，访谈内容主要涉及社会工作者的工作态度、工作能力，项目服务的人群、有效性及持续性等。

8. 项目筹款

筹款方案：与社会工作机构合作。拿着具体的项目方案找寻有开展类似服务以及对此类项目感兴趣的社工机构，向机构提出以下几种筹款方案：

以协办单位等名义帮机构进行宣传，提高机构的知名度；

在准备《平心指南》时，在封面加上机构的标识与微信公众号，并在活动结束后帮忙制作宣传推文；

课程结束后，转让该项目的知识产权，使服务能够继续并扩大。

最后该项目获得了一家机构的认可，得到200元现金资助。

9. 成果展示

相关服务获得了当地媒体的报道。

以课程项目为基础拓展的志愿服务项目获得校第四届志愿服务项目大赛金奖。

附录

附录一：需求调查问卷

公交车司机压力状况与活动参与意愿的调查问卷

各位公交车司机：您好！我们是浙江师范大学社会工作系的学生。我们将于不久后在贵公司开展为公交车司机提供减压服务的项目活动，在活动开展前，为了解公司中广大公交车司机的压力状况与对活动的期望与要求，为今后活动的开展打下良好的基础，我们组织了此次调查。以下的问卷中有一些关于您个人基本信息、压力状况以及对项目活动的期望与要求的问题，在调查中您所填写的内容仅作研究分析使用，不会泄露您的个人隐私，请放心如实填写。感谢您在百忙之中抽出时间填写我们的问卷！感谢您的支持与配合。

一、个人基本情况

1.1 您的性别

□男　　□女

1.2 您的年龄

□30 岁及以下（含 30 岁）　　□31~40 岁之间（含 40 岁）

□41~50 岁之间（含 50 岁）　　□51~60 岁之间（含 60 岁）

□60 岁以上（不含 60 岁）

1.3 您的文化程度

□小学及以下　□初中　□高中及中专　□大专以上

1.4 您的婚姻状况

□未婚　□已婚　□离婚　□其他（请注明）＿＿＿＿＿＿＿

1.5 您的健康状况（其中 5 表示非常健康，从高到低依次类推）

○--------------○--------------○--------------○--------------○

5　　　　　4　　　　　3　　　　　2　　　　　1

二、压力状况

下表是关于一些事件或者感受的描述，请您根据自己的实际情况，按照这些事件或感受在您的工作和日常生活中出现的频率填写。

	情　　况	经常 3	有时 2	偶尔 1	从未 0
2.1 工作 过程	2.1.1 感到工作之余的闲暇时间较少				
	2.1.2 工作日程安排出现变动				
	2.1.3 在一段时间内工作量较大				
	2.1.4 在工作过程中承担较多责任与角色				
	2.1.5 在工作过程中感到时间紧迫				
2.2 人际 关系	2.2.1 家人不太理解与支持自己所从事的工作				
	2.2.2 与同事发生矛盾				
	2.2.3 在工作过程中遇到不文明乘客				
	2.2.4 在工作过程中与乘客发生矛盾				
	2.2.5 与公司领导有意见不合的地方				
2.3 职业 认同	2.3.1 感到自己承担的工作与所得的报酬不成正比				
	2.3.2 感到自己的工作单调乏味				
	2.3.3 在工作中自己的能力没有得到充分的发挥				
	2.3.4 有更换工作的想法				
	2.3.5 在公司中没有归属感				
2.4 身心 健康	2.4.1 在工作中遇到烦心事时急躁易怒甚至情绪失控				
	2.4.2 借助烟酒等处理不良情绪				
	2.4.3 在工作过程中精神处于紧绷状态				
	2.4.4 工作使自己感到身体劳累和不适				
	2.4.5 在工作期间没有足够的时间吃饭、上厕所和休息				

三、对项目活动的期望与要求

3.1　您希望在我们的减压活动中收获什么（多选题）

□减压技巧　□娱乐放松　□增进与同事的交往　□增进与公司管理人员的沟通

□其他（请注明）＿＿＿＿＿＿＿

3.2　您希望我们的活动一次持续多长时间

□1~1.5小时　□1.5~2小时　□2小时以上

3.3　您希望我们的活动形式包含哪些（多选题）

□游戏　□交流会　□才艺表演　□知识讲座与培训　□其他（请注明）＿＿＿＿＿＿＿

如果您对我们此次调查或者今后的活动有任何意见和建议，欢迎您将它写在下面，若没有建议可以填"无"。（此题设置为必填）

我们的调查到这里就结束了，再次感谢您在百忙之中对我们此次调查的支持与配合。祝您工作顺利、生活愉快！

附录二：小组组员意见反馈表

小组组员意见反馈表

感谢您前来参加本次活动。下面是关于本次小组活动情况的描述，您同意这些话吗？请根据你的实际感受，在合适的分数下打"√"。谢谢！

	极不符合	不太符合	一般	比较符合	非常符合
（1）我能在这次小组活动中向别人表达我的看法	1	2	3	4	5
（2）我喜欢这次小组活动	1	2	3	4	5
（3）我觉得在这次小组中大家能够彼此尊重	1	2	3	4	5
（4）小组活动安排的场地让我感到舒适	1	2	3	4	5
（5）参加这次小组活动使我对自己越来越有信心	1	2	3	4	5
（6）我觉得这次小组活动很有意义	1	2	3	4	5

续表

	极不符合	不太符合	一般	比较符合	非常符合
（7）这次小组活动中我乐意与他人分享我的经验	1	2	3	4	5
（8）我觉得这次聚会中大家互相信任和坦诚	1	2	3	4	5
（9）我喜欢小组领导的带领方式	1	2	3	4	5

（10）在本次活动中你最喜欢的部分是什么？为什么？

（11）本次小组活动中你认为需要改进的部分是什么？为什么？

（12）对下次小组活动有何期望和建议？

附录三：前后测问卷

前 测 问 卷

您好，这份问卷主要是想了解您目前所处状态，请选择最能代表您的想法的答案。此问卷填答采取匿名形式，请放心作答，谢谢配合！

题 项	1. 完全不符合	2. 不符合	3. 不确定	4. 符合	5. 完全符合
1. 闲暇时我不知道做什么					
2. 我最近不能够专心做事					
3. 我最近有易怒的情况					
4. 我最近容易发牢骚					
5. 我最近胃口不太好					

续表

题　项	1. 完全不符合	2. 不符合	3. 不确定	4. 符合	5. 完全符合
6. 我最近感觉未来没有希望					
7. 我最近睡一大觉后还觉得疲劳					
8. 平时感到有烦恼或是压力时，我不知道如何应对					
9. 有压力时寻求同伴的支持很重要					
10. 我和别的司机分享过平时的烦恼					
11. 我了解过职业病（诸如颈椎病、腰椎间盘突出、前列腺炎等）基本的保健方法					

12. 参加这次活动的组员中，我认识的有（　　　）个

□0 个

□1~4 个

□4~8 个（不包括 4 个）

□8~12 个（不包括 8 个）

□12~16 个（不包括 12 个）

□16~20 个（不包括 16 个）

13. 我感知到的压力主要来自（　　　）［多选题］

□与家人的相处

□平时不规律的饮食作息

□与同事、领导的交往

□驾驶公交车这一过程中

□工作的前景

□其他：＿＿＿＿＿＿＿

14. 试举出三种释放压力的方法［填空题，必填］

_____

15. 公交车司机常见的职业病有（　　　）

□不知道

□前列腺炎

□颈椎病和肩周炎

□视觉疲劳

□胃病、胆结石

□腰椎间盘突出

□其他：＿＿＿＿＿＿＿

16. 对于上述职业病，我知道如何预防的有（　　　）

□不知道

□前列腺炎

□颈椎病和肩周炎

□视觉疲劳

□胃病、胆结石

□腰椎间盘突出

17. 预防职业病有哪些方式［多选题］

□不知道

□睡前饮水

□少食辛辣刺激性食品

□避免久坐

□注意劳逸结合

□其他：＿＿＿＿＿＿＿

后 测 问 卷

您好，这份问卷主要是想了解您目前所处状态，请选择最能代表您的想法的答案。此问卷填答采取匿名形式，请放心作答，谢谢配合！

题　　项	1. 完全不符合	2. 不符合	3. 不确定	4. 符合	5. 完全符合
1. 有空的时候我不知道该干啥					
2. 最近一段时间我很难专心做事					
3. 最近我比较容易生气					
4. 我最近容易发牢骚					
5. 我最近胃口不太好					
6. 我最近感觉未来没有希望					
7. 最近我睡了很久以后还会觉得很疲劳					
8. 平时感到烦恼和压力后，我不知道该怎么解决					
9. 有压力的时候有人支持我很重要					
10. 我和别的司机分享过平时的烦恼					
11. 我了解过职业病（诸如颈椎病、腰椎间盘突出、前列腺炎等）基本的保健方法					

12. 参加这次活动的组员中，我认识的有（　　）个

□0 个

□1~4 个

□4~8 个（不包括 4 个）

□8~12 个（不包括 8 个）

□12~16 个（不包括 12 个）

□16~20 个（不包括 16 个）

13. 我感知到的压力来主要来自（　　　）［多选题］

□与家人的相处

□平时不规律的饮食作息

□与同事、领导的交往

□驾驶公交车这一过程中

□工作的前景

□其他：＿＿＿＿＿＿

14. 试举出三种释放压力的方法［填空题，必填］

15. 公交车司机常见的职业病有（　　　）

□不知道

□前列腺炎

□颈椎病和肩周炎

□视觉疲劳

□胃病、胆结石

□腰椎间盘突出

□其他：＿＿＿＿＿＿

16. 对于上述职业病，我知道如何预防的有（　　　）

□不知道

□前列腺炎

□颈椎病和肩周炎

□视觉疲劳

□胃病、胆结石

□腰椎间盘突出

17. 预防职业病有哪些方式［多选题］

□不知道

□睡前饮水

☐少吃辛辣刺激性食品

☐避免久坐

☐注意劳逸结合

☐其他：＿＿＿＿＿＿＿＿

案例供稿人：

浙江师范大学法政学院 2017 级社会工作专业邵妮佳、茹愿、冉卫明、鲍晨敏、鲁欣瑜、张书宁

优势视角在社会工作教育中的运用

——以"高级社会工作实务"课程为例

朱 凯

一、引 言

自 20 世纪 80 年代发展以来，优势视角成为社会工作领域重要的价值立场和服务原则。① 优势视角对传统的问题视角提出挑战，对服务对象的描述不再局限于其障碍、困难和问题，而是更多地转向对其优势和资源的挖掘，提升服务对象改变的动力，以协助服务对象获得更好的福祉。

优势视角最早是在精神健康领域进行探索，聚焦于"复元"的概念，而后在老年人服务、青少年服务、家庭服务、社会政策倡导等不同的实践领域。国内有关优势视角的实践主要集中在农村社会工作②、学校社会工作③、青少年社会工作④等，而将优势视角融入社会工作教育的相关研究

---

① 童敏. 从问题视角到问题解决视角——社会工作优势视角再审视 [J]. 厦门大学学报，2013 (6)：1-7.

② 张和清，杨锡聪，古学斌. 优势视角下的农村社会工作——以能力建设和资产建立为核心的农村社会工作实践模式 [J]. 社会学研究，2008 (6)：174-193，246.

③ 朱凯，俞鑫荣. 灾后学校社会工作"优势为本"的实践——以"社区公益行"为例 [J]. 社会工作 (下半月)，2010 (4)：23-26.

④ 管雷. 优势视角下汶川地震灾区青少年的社会工作介入 [J]. 山东省青年管理干部学院学报，2008 (4)：22-24.

较少。

对于笔者而言，优势视角是对笔者影响最深的理论视角之一。因为笔者从小接受的教育都是从问题视角出发的，最初接触社会工作的方法和技术也是从问题诊断入手。而优势视角似乎打开了一扇新的大门，让笔者看到自己的闪光点，也更容易看到周围人和服务对象的能力和资源。在笔者的学校社会工作服务经历中，遇到过一位服务对象是 13 岁的初中男生，他打架、偷窃、欺负同学、逃课逃学，在所有人眼中都是一个"问题孩子"，在经过优势为本的服务之后，他逐步认识到自己的优点和特长，比如有责任心，有集体荣誉感，运动能力强等，在运动会上为班级争光，班主任都感慨"他好像变可爱了"。从"问题孩子"转变为"可爱孩子"，这就是优势视角和优势为本的服务发生在人与人之间的神奇反应，这一服务的经历也让笔者想要去推广优势视角。

笔者有幸成为一名社会工作专业的教师。在笔者看来，社会工作教育也是社会工作的实践场域。社会工作教育培养的是社会工作从业人员，而优势视角作为社会工作实践的重要价值立场和服务原则，如何让学生掌握优势视角，体验到优势视角对自己和对服务对象的影响，是社会工作教育的任务之一。美国的诸多社会工作院校已经对其课程进行了以优势视角为基础的改革。国内的社会工作教育如何引入优势视角的理念和方法，是本文的探索方向。

高级社会工作实务课程是社会工作专业硕士（MSW）的核心必修课程，在 MSW 学生入学第一学年的第二学期开设。笔者尝试将优势视角融入高级社会工作实务课程的教学，期待碰撞出与传统教学不一样的火花。

二、优 势 视 角

20 世纪 80 年代，美国堪萨斯大学社会工作学院开始了在实务过程中关注服务对象优势的实验。1989 年，Weick 等四位学者在权威期刊《社会工作》上发表了《社会工作实践的优势视角》一文，正式提出了优势视角的概念，引起了广泛关注。1992 年，堪萨斯大学社会福利学院教授 Dennis Saleebey 出版了专著《优势视角——社会工作实践的新模式》，系统阐述了优势视角的哲学基础、基本概念和原则，以及在不同实务领域的应用，成为优势视角的奠基著作。

Saleebey 认为，"优势视角是对传统社会工作实践的一次戏剧性飞跃。优势视角取向的实践意味着：作为社工所应该做的一切，在某种程度上要立足于发现和寻求、探索和利用案主的优势和资源，协助他们达到自己的目标，实现他们的梦想，并面对他们生命中的挫折和不幸、抗拒社会主流的控制"①。

优势视角是一种社会工作方法，它将社会工作服务的重点放在人、家庭、群体、社区及其环境的优势和资源，而不是他们的问题、病症、障碍和困难。优势视角的产生是对主流做法和政策的一种纠正和变革性挑战，这些做法和政策把人和他们的潜力降低为缺陷、病态、问题和功能障碍。优势视角强调人类的复原力、抗逆力、勇气和独创性的能力，并倡导个人和社区有形成和实现他们自己的目标和愿望的权利。在承认服务对象所经历的困难的同时，优势视角从未将人们限制在他们的创伤、问题、障碍、疾病或逆境中；相反，它将它们视为挑战、机会和变革的动力。社会工作者要与服务对象、他们的家庭和社区合作，发现并产生希望和机会，调动内在和环境的力量和资源，并为个人和集体的赋权和社会正义采取行动。

如图 1 所示，优势视角的要素包含三个层面。P 是指承诺、可能性、正向的期待和潜能；C 是指能力、才能和勇气；R 是指抗逆力、储能、资源和智谋。② 对于社会工作服务来说，当我们和服务对象一起挖掘他自身的能力、专长，提升他的勇气时，也可以调动他的抗逆力和资源，增强他对未来的正向期待，发挥他的潜能，发现生活的更多可能性。

---

① ［美］Dennis. Saleebey. 优势视角——社会工作实践的新模式 ［M］. 李亚文，杜立婕，译. 上海：华东理工大学出版社，2004：4.

② ［美］Dennis. Saleebey. 优势视角——社会工作实践的新模式 ［M］. 李亚文，杜立婕，译. 上海：华东理工大学出版社，2015：14.

P(Promise, Possibility, Positive expectations, Potential)

C(Competence, Capacities, Courage) sR (Resilience, Reserves, Resources, Resourcefulness)

图 1　优势视角的要素

　　优势视角的核心概念包括以下 7 个方面。第一是可塑性。优势视角相信每个人都有改变、拓展和重塑行为的能力。而对服务对象注入希望和信念，可以引发安慰剂效应。第二是增能。增能意味着帮助个人、家庭、小组或社区在其内部和外部探求和开拓资源的意图和过程。社工在服务中要与服务对象建立合作关系，挖掘服务对象内部和外部的优势和资源，调动服务对象改变的动机，鼓励服务对象成为积极的主体，协助服务对象从各种限制中解放自己。第三是成员资格。优势取向承认所有人都是同一种类的成员，成员资格可以带来尊严、责任和归属感。同时，优势视角下的实践也鼓励服务对象走到一起，让他们的声音被听到，需要被满足，不公平的待遇被重视，真正去实现他们的梦想。第四是抗逆力。抗逆力是指面对磨难、困难、困境的抗争或复原的力量。优势视角也相信人们在面对逆境时是可以做出建设性的、正向的选择，找到处理办法。第五是治愈和整合。治愈意味着整合和调动身体和心灵的机制，去面对障碍和疾病。治愈需要个人和环境的良性关系。治愈和自我再生是生命系统的内在本质。第六是对话与合作。对话是基本的人际互动方式。在对话中，我们确认他人的重要性并弥合个人、他人和制度之间的缝隙。对话需要同理心、对他人的认同和包容。优势视角强调社工与服务对象是合作的关系，一起去达成服务目标。第七是悬置怀疑。这里是指社工要相信服务对象对自身问题看法和故事的合理性，而不是去质疑和批判。这七大核心概念传达了优势视角的基本理念和观点，即对服务对象的充分信任和尊重，相信服务对象有改变的动力，并有勇气去追求美好的生活。①

三、高级社会工作实务课程概况

国际社会工作者协会（IFSW）和国际社会工作学院联盟（IASSW）在2014年墨尔本会议上对社会工作进行了界定：社会工作是一门以实践为基础的专业和学科，以促进社会变革和发展，加强社会凝聚力，增权和人民解放。社会正义、人权、集体责任和尊重多样性的原则是社会工作的核心。以社会工作理论、社会科学、人文科学和本土知识为支撑，社会工作旨在帮助改变人们及其所在环境，解决生活中的挑战，提升福祉。

从社会工作的全球定义中我们可以看出，社会工作强调价值取向和实践为本，社会工作的实践能力是社会工作学生和实务工作者的必备技能。因此，在社会工作教育中，实务类课程的地位不言而喻。高级社会工作实务课程是 MSW 培养方案中的核心必修课程，通常在学生入学后第一学年开设。该课程以培养高级应用型社会工作人才为目标，训练学生开展社会工作服务的实务能力。

因为培养方案中已有宏观社会工作方法课程，高级社会工作实务课程更聚焦微观的实务技能，包括社会工作通用过程模式和针对个体和家庭的实践。课程评估包括课堂表现、课程实践和课程报告。

本文中的学生是指 2020 级 MSW，共有 36 人，近一半的同学本科并不是社会工作专业，只是在准备考研的时候进行了社会工作专业知识的备考，对社会工作有初步概念。另外，一些同学本科虽然是社会工作专业，但是实务经验较少。课程的最大挑战在于同学们的社会工作实务经验并不充分，并且同学们对自己的实务能力也不自信，因此，如何体现课程的"高级"性质，并且在课程过程中又能够挖掘同学们在实践课程学习中的

---

① ［美］Dennis. Saleebey. 优势视角——社会工作实践的新模式［M］. 李亚文，杜立婕，译. 上海：华东理工大学出版社，2015：14-19.

优势和潜能，是高级社会工作实务课程面临的挑战。

四、优势视角与高级社会工作实务课程的相遇

本文将从石佩臣提出的教育要素论——教育者、受教育者、教育内容、教育途径、教育手段、教育环境等要素来讨论如何将优势视角与高级社会工作实务课程融合。教育者是教育活动的组织者和参与者，他们决定和制约着教育过程的目的与运行结果。① 社工教师作为优势视角的倡导者，在角色上不仅仅是教师，可能也会是咨询师、支持者、陪伴者、协助者、协调者和使能者。如果把学生比作服务对象，那社工教师就是社工。优势视角的原则之一是"创伤和虐待、疾病和抗争可能具有伤害性，但也可能是挑战和机遇"②。在课程学习的过程中，教师为学生答疑解惑，是协助者。特别是当学生在课程中谈及或教师在课程中发现学生有受伤害、挫败、苦难、创伤等经历时，教师要善于从这些经历中找到支持性的外部资源，从学生自身找到解决问题的内部能量，从"损害模式"切换到"挑战模式"，激发其解决问题的信心和能力，并启发学生从负面经历中看到对成长产生的积极作用。如果有机会在课下和学生会谈，或遇到学生主动求助时，教师可承担咨询师和陪伴者的角色，协助学生克服成长中的困难和挑战。当学生在学习上遇到瓶颈时，教师可以协调课堂内外的资源，包括教学物资的提供，协调上课时间和场地等，协助学生完成课程任务。在课程上也可以充分调动学生的参与和投入，鼓励学生激发个体内部的能力和潜能。当然，教师要做到这些角色的前提是教师在上课前已经充分准备好，特别是对自身未完成事件和未处理情节的梳理和疗愈，能够全然地打开自己，获得自我认识与自我成长，愿意去理解学生、接纳学生，协助学生的自我成长与专业成长。

---

① 石佩臣. 教育学基础理论［M］. 北京：教育科学出版社，2018：357.
② ［美］Dennis. Saleebey. 优势视角——社会工作实践的新模式［M］. 李亚文，杜立婕，译. 上海：华东理工大学出版社，2015：22.

从教育者的职业道德看，社工教师要热爱社工教育事业，激发自身的内部能量投入课堂、实习和督导；热爱学生，对学生亲切关怀、耐心帮助，在人格上平等对待，全面关心学生的健康成长。还要与其他教师组成教学团队，团结协作，调动课堂外的资源和优势，共同实现教育的目标。

重要的是，教师要做到为人师表、以身作则，教师本身要具备社会工作的价值观、基本能力和素养，同时要将优势视角融入自身生活和日常学习和工作，让学生看到优势视角在教师身上的应用与内化。笔者作为高级社会工作实务的教师，热爱社会工作专业，十余年来从事社会工作的教学、实践和科研活动，有较高的专业认同，认可社会工作平等、尊重、公平、民主的价值观和伦理守则，具有临床社会工作的实务经验。更重要的是，笔者作为社工教师，拥抱优势视角的价值和理念，对学生友善包容，期待在教学中融合优势视角，让更多的学生体验到优势视角的正向影响和魅力。

受教育者是教育活动过程的基本要素，是教育实践活动的对象，是教育效果和教育质量的体现者。① 本文中的受教育者是指 2020 级 MSW 一年级的学生，年龄在 21~25 岁，他们通过考研进入社会工作专业学习。一些同学本科是社会工作专业的，另一些同学则来自经济学、英语、人力资源管理、行政管理、社会学等不同的专业，个别同学曾经有过非社工的工作经历。从地域分布上，他们来自全国各地。由于社会工作在国内的发展有地域上的不均衡。因此，学生对社会工作的认识和理解可能也受到家乡当地和本科学校所在地社会工作发展的限制。由于不少学生缺乏对社会工作实务的经验，因此，他们对高级社会工作实务的课程教学也有些忐忑和紧张，担心自己是否能够跟上教学进度。因此，教师在第一堂课上就告诉学生，在课程的学习中无需和其他同学比较，而是要重视个人的成长和进步。

---

① 石佩臣. 教育学基础理论 ［M］. 北京：教育科学出版社，2018：529.

优势视角相信，所有的个人、团体、家庭和社区都有优势。对于高级社会工作实务课程来说，每一个学生及其家庭都有优势。如果把 2020 级 MSW 学生作为一个团体，把高级社会工作实务课程的教师和学生看作一个学习社区，那么每一个学生、学生群体在课堂上都具有优势。通过课堂教学和实践，笔者发现学生、群体和课堂的优势是多方位的。在学生层面，他们愿意去学习高级社会工作实务的相关理论和实务技能，交流学习所得。不同的本科背景可以让大家从不同的视角去思考问题，看到各自不同的立场，有利于多元声音的交流和碰撞。学生之间实务经验的差异可以让学生对社会工作实务有更多的想象，带着疑惑去学习和实践，学生互帮互助，团结合作可以带动群体的学习动力。在课堂层面，教师和学生都有学习社会工作实务价值观、伦理守则、理论知识、方法和技巧的渴望，面对课堂中的挑战，彼此支持和协作，边实践边学习（learning by doing），形成积极正向的学习社群。社工学生是学生也是老师，社工教师是教师也是学生，师生共同学习成长。师生之间的关系是平等的、包容的、尊重的共学伙伴关系。

教育内容是教育活动的必要因素，是教育活动得以开展的依据，也是教育活动意义的集中体现。① 教育内容对实现教育的目的和任务有重要意义。高级社会工作实务的课程目标分为三个层面：一是学生个体层面，要增进自我认识和自我接纳，学会自我关爱和关怀社会，获得个人成长；二是理论学习层面，要掌握社会工作实务的价值观、伦理守则和相关理论；三是实务学习层面，要将社会工作实务的价值观内化到实务过程中，能够理论与实务相结合，能够根据不同的问题和群体来开展服务全过程。根据三个层面的教学目标，课程内容也是在自我认识、知识学习和课程实践的框架下去开展。课程中设计了自我认知与成长小组的体验，聚焦学生个体的自我认识和自我接纳，学习自我关爱的理念和方法，以获得自我成长。社会工作实务知识的学习包含指导实务的价值观，探讨实务中的伦理困

---

① 石佩臣. 教育学基础理论［M］. 北京：教育科学出版社，2018：559.

境，学习实务背后的理论知识和具体的实务方法和技巧。课程实践主要是个案会谈的实践，学生要在个案室根据教师提供的个案案例去模拟一段个案会谈，将课堂所学应用在课程实践中。

　　教育手段是指在教学过程中，教育者和受教育者为了实现一定的教育目的，完成一定的教育、教学任务，在共同活动过程中所采用的特定的方法和措施。① 教育手段有语言、直观、训练和评价。语言就是运用口头和书面的形式来传达课堂知识。教师在课堂语言表达中，要多注意运用描述性和肯定性的言语，而非批判性和否定性的言语。举例来说，当教师提问"什么是同理心？"时，有学生回答"同理心就是站在对方的角度思考问题"。我们知道学生的回答并不全面。这时教师要如何回应呢？教师首先要肯定学生愿意去思考，勇敢去表达自己对同理心的理解，并且强调同理心很重要的元素确实是从对方的角度思考。那除此之外，同理心还需要如何做呢？或者在行为、情绪、认知层面又如何具体化呢？从肯定学生的分享和陈述学生表达的重点开始，逐层引导学生深化对同理心的认识和理解。教师要在课前准备好简洁、清晰、要点明确的演示文稿，同时涉及具体的作业、课堂讨论材料等也要同时以口头或书面的形式传递给同学，以保证信息传达的准确性和有效性。直观的图片、视频等影像教学材料可以提升课堂的趣味性，集中同学们的注意力。视觉型学习类型的同学也更加容易接受学习内容。课堂现场的模拟也可以让同学们对社会工工作实务有更直观的认识和体验。在从教学评价层面，要注意教学评价形式的多样性，避免对知识的死记硬背；要侧重平时成绩和课堂的参与度，关注学生在课堂中的所学所得，关注实务能力的实际应用，关注学生的全方位成长和进步。

　　教育途径是指教育者有目的、有计划、有组织地传授教育内容，完成教育任务、实现教育目的的师生共同活动的渠道，具体来说有教学、课

----

　　① 石佩臣．教育学基础理论［M］．北京：教育科学出版社，2018：529.

外活动和社会实践等。① 优势视角的原则之一是"与案主合作，我们可以更好地服务于案主"②。这一原则运用在高级社会工作实务教学中，即教师与学生共同合作，以达成教学目的。对高级社会工作实务课程来说，教学本身就是师生合作的过程。学生可以在课程设计、课程内容、课程形式等方面参与，成为课堂的主体，学生与教师一起讨论个案会谈的方向和技术。当小组练习中遇到困难时，师生共同探讨解决问题的方法，教师积极引导学生应用社会工作的价值观、理论和技能，以达成课程实践的目标。

教育环境通过对教育活动周围环境因素有目的、有意识地选择、利用和建设而形成。教育环境的作用同一般环境一样是静态的、间接的、隐蔽的，但教育环境却包含着社会意志和教育的价值观念，是教育目的与具体培养目标要求的潜在体现。③ 教育环境可能包括教育的社会环境、家庭环境、人际环境、传统环境、文化环境和自然环境。优势视角认为，所有的环境都充满资源。④ 对于高级社会工作实务课程来说，课程就是师生一起去发掘教室、家庭、院系、学校、社区和社会上开展社会工作实务的空间和领域，探索本课程的内部资源和外部力量，促进师生互动和班级同学间的共融，进行社会工作宣传和倡导，进而提升社会工作专业的社会认可度。

因此，高级社会工作实务课程将优势视角融入教育者、受教育者、教育内容、教育手段、教育途径、教育环境等教育要素的方方面面，以营造平等、尊重、接纳的课程氛围，提升学生对课程的主体意识，通过师生的共同协作促进师生的共同成长。

---

① 石佩臣. 教育学基础理论［M］. 北京：教育科学出版社，2018：559.

② ［美］Dennis. Saleebey. 优势视角——社会工作实践的新模式［M］. 李亚文，杜立婕，译. 上海：华东理工大学出版社，2015：19.

③ 石佩臣. 教育学基础理论［M］. 北京：教育科学出版社，2018：588-589.

④ ［美］Dennis. Saleebey. 优势视角——社会工作实践的新模式［M］. 李亚文，杜立婕，译. 上海：华东理工大学出版社，2015：19-20.

五、评估与反馈

高级社会工作实务课程通过邀请 2020 级 MSW 同学撰写课程报告和访谈的方式来了解学生对课程的体验、想法、感受和反思，收集同学们对课程的意见和反馈。笔者将收集到的资料分为对课程的过程体验、对课程的感受、对实务的反思和对自我的觉察这四个部分。

第一，对课程的过程体验的关键词有"有趣""浸入式学习""互动""开放"等。

　　课程内容与形式都很丰富，在讲授中学、在交流中学，同时在体验中又学。

　　这门课程在很大程度上让我对自己所学的专业和知识有了更清晰的认识。这门课程颠覆了我曾经对"课堂"的理解，多元化、包容性、趣味性、反思性、实践性在这门课中体现得淋漓尽致！

　　每节课的内容都环环相扣并且呈递进式教学，因此，这种课程很难让人忘记。

　　通过鼓励学生参与，挖掘学生的潜能，让学生认识到自身的潜力，充分体现了社会工作专业的增权赋能、助人自助的理念，这都是传统灌输式的教学很难达到的。

　　我对社会工作的方法技巧以及实务过程有了更加明晰的认知，对社会工作的伦理价值也有切身的感悟，通过课程实践更是能够体会到社会工作者共情、尊重、非评判等自我价值观，以及从建立专业关系、制订计划、开展计划到评估小组成效等一系列过程中社工的责任与作用。

第二，对课程的感受。同学们在反馈中提到了很多的收获和感动。

还记得第一节课上，老师说希望这节课每位同学都可以有所收获，但让我们不要互相比较，而要更重视自身的成长。好像从来没有一位老师会这样教导我们重视自己的小小进步，能让人不断增强对自己的满足感与对生活的掌控感。

在高级社会工作实务课中参与的小组感受是很奇妙的，跟着老师的节奏全程小组开展下来心情是很愉悦的，同时和大家友好关系的建立以及对自我的新奇的发现都会伴随着愉悦体验产生。

我曾经有幸上过这门课程。社会工作改变了我，我也会努力将这些积极的改变无限延长，正视自我，认真生活，并带给他人正面的影响，用生命影响生命，为社会贡献出微薄却坚实的力量。

第三，对实务的反思。在课堂学习和课程实践中，有同学发现了自己之前在实习中的不足，找到了提升的方向；也有的同学发现了社会工作服务的空间和资源，对实务有了更深的体会。

之前在实习的时候，会有很多学生在中午找我们咨询，他们问的问题也大多是学习压力方面的，我当时就会根据自己的经验给他们提一些建议。在模拟中老师提到，提建议的时候要小心，因为服务对象不一定能够接受这些建议，他们往往都有了自己的一套学习方法。我当时就意识到自己以前处理问题的时候没有考虑周全，而且还一直没有发现这一问题，在之后的实务中要更加小心。

当身边的资源耗尽时，我们就想要获得更多的资源，那么就得站起来，主动去交流，而作为社会工作者，我们不仅是案主和自身资源的甄别者，也是案主获得更多资源的链接者，走出去获得更多资源是我们专业能力的体现。

我听到不一样的声音，不管是课堂的同学还是服务对象，都要带着包容心去倾听；真正的同理心是想人所想，理解与接纳自己和他人。

第四，对自我的觉察。课程目标之一就是提升同学们的自我认知和自我觉察，学会自我接纳和自我关怀，自助助人。在优势视角的指引下，同学们在课程中发现了自身的优势，提升了自信心，学会了从不一样的视角看待自己和他人。

在此之前我一直是一个比较自卑而难以发现自己优点的人，通过自我认知小组的组内分享，我对自己的认知有所改变，这些改变让我更了解自己的同时也给我了一些自信。

我并不是一无是处的人，相反，我也是有价值的存在，至少我让别人感到快乐，那我的存在就是有意义的。

很感谢小伙伴能学以致用，时不时鼓励我往前排坐、想到什么答案就说什么，也很感谢自己这次能坦率得认识自己，鼓起勇气在一步一步做改变。

上完这门课，感觉就像老师在隐约地做我们每个人的个案，促使我们进行更深层次地自我探索、自我认知——无论是带着缺点的自己，抑或是闪闪发光着的自己。

六、反思与总结

从课程评价和反馈上来看，我们的 MSW 同学确实在社会工作实务的专业知识认知、专业认同、实务提升和自我认识方面有所受益。优势视角有助于发现和寻求、探索和运用学生的优势和资源，协助他们面对生命中的挫折，达成教育的目标。

优势视角也并不是忽略不足，高级社会工作实务课程本身也存在很多的不足。什么才是"高级"，如何才能做到"高级"？从全国各高校 MSW 高级社会工作实务课程的开设情况来看，各高校的课程内容和形式五花八门，缺乏科学的规划。如果都是按照学生的需要来进行课程设计，又会缺乏系统性。同时，因为社会工作实务的范畴非常广泛，在有限的课时中也不可能完全覆盖所有内容，实务技能的学习也需要不断地练习和实践。如何能够让同学们对实务有基本理解，弥合理论与实践的差距，又能够聚焦于具体的实务方法是需要师生共同去探索的。这门课程也对授课教师提出了很高的要求，教师的知识储备、实务经验和实务能力都需要不断提升和强化。

优势视角本身也存在争议。优势视角并不是一个完整的理论框架，更像是一种积极的思维或是信念。学界对优势视角下服务的真实成效也有所怀疑。但是，幸运的是，当优势视角与社会工作教育相遇后，我们可以看到、听到、感受到师生的变化和触动。Saleebey 认为，优势视角是一种多层面的实践手法，很大程度上有赖于社工和案主的真诚和创造性、勇气和常识。① 对于笔者来说，优势视角让我们看到了不一样的自己和他人，借用学生的反馈，让我们看到了闪闪发光的个体。对于每一个人来说，这种被看见、被珍视的感觉是弥足珍贵的。优势视角对"人"的尊重，对人的力量的相信，对关系的重视都是我们在教育中需要去思考和实践的。

① ［美］Dennis. Saleebey. 优势视角——社会工作实践的新模式［M］. 李亚文，杜立婕，译. 上海：华东理工大学出版社，2015：31-65.